365 Tage *Reformation*

Der Jahresbegleiter

Walter Martin Rehahn

365 Tage *Reformation*

Der Jahresbegleiter

Menschen
Orte
Ereignisse

DEUTSCHE BIBEL GESELLSCHAFT
belser

Abbildungen Umschlag: Vorderseite (v.l.n.r.) oben: Lucas Cranach d.Ä., Bildnispaar Martin Luther und Katharina von Bora, Kunstsammlungen der Veste Coburg; *unten:* Ottmar Hörl, Installation „Martin Luther – Hier stehe ich", www.ottmar-hoerl.de; Frankfurter Bibel, 1570 © Foto: Ruprecht Veigel/Deutsche Bibelgesellschaft; Wartburg; *Rückseite oben:* Lucas Cranach d.J., Christus und die Ehebrecherin, Christie's London; *unten:* Schlosskirche Wittenberg © jmp-bildagentur, J.M. Pietsch, Spröda, mit freundlicher Genehmigung der Schlosskirche Wittenberg; *Abbildung Frontispiz:* Schlosskirche Wittenberg © jmp-bildagentur, J.M. Pietsch, Spröda, mit freundlicher Genehmigung der Schlosskirche Wittenberg

Bibliografische Information der Deutschen Nationalbibliothek
Die Deutsche Nationalbibliothek verzeichnet diese Publikation in der Deutschen Nationalbibliografie; detaillierte bibliografische Daten sind im Internet über http://www.dnb.d-nb.de abrufbar.

Projektleitung: Dirk Zimmermann
Redaktion: Florian Voss
Gestaltung und Produktion: Rainer Maucher, Verlagsbüro Wais & Partner, Stuttgart
Druck und Binden: Print Consult, München

www.belser.de · www.die-bibel.de

ISBN 978-3-7630-2730-9 (Belser Verlag)
ISBN 978-3-438-06238-3 (Deutsche Bibelgesellschaft)

FSC
www.fsc.org
MIX
Papier aus verantwortungsvollen Quellen
FSC® C084279

365 Fenster in die Geschichte der Reformation

Als Martin Luther im Herbst 1517 seine 95 Thesen zum kirchlichen Ablasswesen verfasste und an den für Wittenberg zuständigen Erzbischof Albrecht von Brandenburg schickte, ahnte er sicher nicht, welche ungeheuren theologischen, kulturellen und politischen Umwälzungen damit ihren Anfang nahmen. Man könnte annehmen, die Ablassfrage, die den jungen Mönch und Professor der Theologie so umtrieb, sei eine theologische Spezialfrage gewesen. Der Ablass ermöglichte es nach damaliger Vorstellung den Gläubigen, durch eine eigene Leistung (z. B. eine Wallfahrt, zusehends aber auch durch Geldleistungen) von der Kirche einen Straferlass für begangene Sünden zu erhalten. Denn selbst wenn die Sünden nach Beichte und Kommunion als vergeben galten und dem Sünder also nicht mehr die ewige Verdammnis drohte, so musste man doch noch mit Strafen in Form einer Läuterungszeit nach dem Tod rechnen (dem sog. Fegefeuer). Diese Zeit konnte man für sich, aber auch für Verstorbene durch den Ablass verkürzen. Für die Kirche war dies zu einer wesentlichen Einnahmequelle geworden. Schon einige Jahre später war klar, dass Luther mit seiner Kritik am Ablass am Fundament der Kirche gerüttelt und schließlich die Einheit der Kirche und damit die Einheit des Abendlandes erschüttert hatte. Denn seine Thesen wiesen weit über die Ablassfrage hinaus und bestimmten das Verhältnis zwischen Gott und dem einzelnen Menschen grundlegend neu. Durch intensives Bibelstudium war Luther zu der Erkenntnis gelangt, dass Gott dem Menschen die Sünden aus reiner Gnade vergebe und von ihm lediglich Umkehr und Buße erwarte. Buße meinte bei ihm eine Haltung des Menschen, nicht aber eine Leistung, die man auch mit Geld ersetzen könnte. Gestützt auf nichts anderes als die Bibel und die eigene Erkenntnis, wagte es dieser tapfere Mönch, für den Auflehnung eigentlich zeitlebens ein Gräuel blieb, Papst und Kaiser zu widersprechen. So zeigte sich Luther denn auch auf dem Reichstag zu Worms 1521 vor dem Kaiser unbeugsam und weigerte sich, seine Thesen zu widerrufen, solange er nicht durch Zeugnisse der Heiligen Schrift oder Gründe der Vernunft widerlegt werde.

So fremd uns Luther als Kind seiner Zeit in vielem heute auch ist, diese Auflehnung gegen Hierarchie und Obrigkeit ist ein Ursprung vieler für uns heute so selbstverständlicher Werte wie Glaubensfreiheit, Gewissensfreiheit und Demokratie, wie sie sich dann ab dem 18. Jahrhundert in der westlichen Welt durchsetzten. Noch im Mittelalter geboren, weist Luther damit bereits in die Neuzeit voraus. Er steht für einen Wendepunkt der Geschichte.

Ist die Reformation demnach ohne Luther nicht vorstellbar, so ist sie doch viel mehr als er. Luther war nicht der erste, der die mittelalterliche Kirche zur Reform aufgerufen hat. Zu denken ist hier etwa an den Engländer John Wycliff, den Tschechen Johannes Hus oder den Italiener Girolamo Savonarola. Sie alle wandten sich gegen kirchliche Missstände wie den Ämterkauf und machten mit ihrer Kritik – wie dann später Luther – auch vor dem Papst nicht halt. Zwei der drei Genannten bezahlten dafür mit ihrem Leben, nur Wycliff starb wie Luther eines natürlichen Todes. Wycliff und Luther teilen noch eine weitere Gemeinsamkeit: Ihre Namen sind bis heute untrennbar mit Bibelübersetzungen verbunden. Wycliff, der im 14. Jahrhundert in England lebte, durchbrach das damalige Tabu, wonach Privatpersonen nicht eigenständig, also ohne kirchliche Autorisierung, die Bibel übersetzen sollten. Er glaubte daran, dass das Lesen der Bibel für jedermann wichtig sei. In gleicher Weise war die Bibel auch für Luther die maßgebliche Quelle seiner theologischen Erkenntnis.

Luther hätte niemals eine solche Wirkung entfalten können, wäre er nicht von vielen wichtigen Männern und Frauen begleitet, unterstützt oder beschützt worden. Allen voran ist hier der Humanist, Philologe und Theologe Philipp Melanchthon zu nennen. So unter-

schiedlich ihre Persönlichkeiten auch waren – Melanchthon eher vorsichtig und zurückhaltend im Auftreten, auch sehr verletzlich, Luther hingegen eher aufbrausend und mitunter derb, ja rücksichtslos – so sehr ergänzten sich beide doch gerade dadurch. Bei der Formulierung der *Confessio Augustana*, des evangelischen Bekenntnisses für den Reichstag in Augsburg 1530, war Melanchthon federführend. Bis heute gilt dieser Text als eine der wichtigsten Bekenntnisschriften der lutherischen Kirchen. Außerdem machte Melanchthon sich um die Reform des Schul- und Bildungswesens verdient, weswegen man ihn schon zu Lebzeiten „Praeceptor Germaniae" (Lehrer Deutschlands) nannte.
Luther selbst konnte an dem Reichstag in Augsburg nicht teilnehmen, sondern verfolgte ihn aus der Ferne, nämlich vom südlichsten Ausläufer des Kurfürstentums Sachsen. Schon dieser Umstand illustriert, wie wichtig die Politik für die Ausbreitung der Reformation war. Es ist dem Schutz seines Landesherrn, des Kurfürsten Friedrich III., genannt „der Weise", zu verdanken, dass Luther in den Jahren nach 1521 trotz der in Worms über ihn verhängten und nie zurückgenommenen Reichsacht seine reformatorische Theologie ausarbeiten konnte. Friedrich der Weise und Luther haben sich erstaunlicherweise wohl nie persönlich getroffen. Überhaupt blieb Friedrich zeitlebens persönlich tief im Katholizismus verwurzelt und stand allen Neuerungen eher skeptisch gegenüber. Er nannte auch eine der größten Reliquiensammlungen der Zeit sein eigen – was sich mit der reformatorischen Theologie eigentlich nicht gut vertrug. Das zeigt, dass man zwischen der persönlichen Frömmigkeit Friedrichs und seinem strategischen Handeln als Landesherr unterscheiden muss. Was auch immer ihn also zu seinem Handeln zugunsten Luthers motiviert hat: Er war, zusammen mit anderen Landesherren wie Philipp, dem Landgraf von Hessen, für die Verbreitung der Reformation von herausragender Bedeutung. Die Geschichte wäre sehr anders verlaufen, wenn Luthers Landesherr treu zu Papst und Kaiser gestanden hätte.
Zwischen Luther und Friedrich hat ein Mann vermittelt, der – ähnlich wie Melanchthon – von ganz anderem Naturell als Luther war, nämlich der vorsichtige und diplomatisch geschickt agierende Georg Spalatin. Als Beichtvater und enger Vertrauter des Kurfürsten genoss der Theologe und Jurist dessen Vertrauen und hatte zugleich eine enge Beziehung

zu Luther. Doch Luther hatte noch weitere tatkräftige Unterstützer und Freunde im Kurfürstentum. Zu denken ist etwa an Johannes Agricola, den begabten Prediger, der viele Jahre in Eisleben wirkte, oder an Nikolaus von Amsdorf, der 1542 von Luther zum Bischof von Naumburg ordiniert wurde. Er war der erste lutherische Bischof Deutschlands überhaupt.

Die Reichsacht schränkte Luthers Bewegungsfreiheit im Reich erheblich ein. Das bedeutete auch, dass es ihm praktisch nicht möglich war, außerhalb des Kurfürstentums Sachsen für die Reformation zu werben, sieht man einmal von der – allerdings gewaltigen – Wirkung seiner Schriften ab. So waren es andere Männer, die in anderen Ländern und Städten des Reiches der Reformation den Weg bereiteten. Sie alle waren eigenständige Theologen, und doch lassen sich hier zwei Gruppen unterscheiden: Einige beriefen sich ausdrücklich auf Luther und wurden so zu Gründern „lutherischer" Kirchen, andere wiederum waren zwar auch von Luther angeregt worden, haben dann aber doch reformatorische Kirchen eigener Ausprägung gegründet. Zur ersten Gruppe gehört z. B. Johannes Bugenhagen, der in Wittenberg mit Luther und Melanchthon intensiv zusammenarbeitete, die Stadt aber auch immer wieder verließ, und zwar vornehmlich Richtung Norden. Seine Wirkungsstätten waren dann Braunschweig, Hamburg und Lübeck sowie später Pommern und Dänemark. Was der sog. *Doctor Pomeranus* damit für den Norden Deutschlands war, das waren Johannes Brenz und Martin Bucer für den Südwesten. Brenz war der theologische Ratgeber des Herzogs von Württemberg und schuf die sog. Große württembergische Kirchenordnung, die die württembergische Landeskirche bis heute prägt. Bucers Wirkungsbereich lag vor allem im Elsass mit der Stadt Straßburg als Mittelpunkt. Er war zugleich um einen Ausgleich zwischen den verschiedenen reformatorischen Strömungen interessiert, womit wir zur zweiten oben erwähnten Gruppe kommen. Aus dieser ragen zwei Namen heraus, weil sie zu Begründern eigenständiger Kirchen wurden, die sich eben nicht nur von der katholischen Kirche abgrenzten, sondern auch vom Luthertum: Huldrych Zwingli und Johannes Calvin. Als Priester am Zürcher Großmünster initiierte Zwingli eine Form der Reformation, die in gewisser Weise noch klarer, noch radikaler als die Luthers war. Während sich z.B. der lutherische Gottesdienst vom Ablauf her nach wie vor an der katholischen Messe orientierte und man auch Kirchenschmuck und Kirchenmusik sehr zu schätzen wusste, steht der reformierte Gottesdienst noch viel stärker als der lutherische im Zeichen der Wortverkündigung. Auch in Fragen des Abendmahlsverständnisses gab es erhebliche Unterschiede, die bis heute fortwirken. Fast eine Generation jünger als Zwingli und Luther und von beiden beeinflusst, wurde der Franzose Johannes Calvin zum Begründer des nach ihm benannten Calvinismus. Dieser hatte sein Zentrum zunächst in Genf, breitete sich aber später über die Niederlande nach Schottland und England aus. Ab dem 17. Jahrhundert kam der Calvinismus dann im Zuge der Kolonisation nach Nordamerika, wo er ein wesentlicher Faktor bei der Etablierung der Menschenrechte und der Entwicklung der Demokratie wurde. Damit wurde der Calvinismus zu der wohl geschichtsmächtigsten Ausprägung der Reformation.

Nun war viel die Rede von den „Männern der Reformation". Haben Frauen denn gar keine Rolle gespielt? Durchaus, allerdings wirkten sie mehr – dem damaligen Rollenverständnis geschuldet – im Hintergrund. Intensiv erforscht ist vor allem die Ehe, die Martin Luther mit seiner Frau Katharina, geborene von Bora, verband. Sie hatte als Nonne von Luthers Kritik des klösterlichen Lebens gelesen und verließ daraufhin gemeinsam mit einigen Schwestern ihr Kloster. 1525 wurden Luther und sie von Bugenhagen getraut. Sie ist keinesfalls der Typus der zurückgezogen lebenden Haus- oder Pfarrfrau, sondern gleicht eher einer Gutsverwalterin. Sie führte den umfangreichen Wirtschaftsbetrieb der Familie Luther (einschließlich einer Bierbrauerei!) und stärkte ihren Mann in dunklen Lebensphasen. Luther wäre in seinen letzten beiden Lebensjahrzehnten ohne sie zweifellos erheblich weniger tatkräftig gewesen.

Man hat die reformatorische Theologie als eine Theologie des Wortes bezeichnet mit der Predigt als dem Herzstück des Gottesdienstes und der Bibel als entscheidendem Referenzpunkt der Theologie. Entsprechend sind von Luther unzählige Texte erhalten – neben seiner Bibelübersetzung etliche theologische Abhandlungen sowie umfangreiche Briefwechsel – und außerdem sind viele Predigten und sog. Tischreden überliefert, die Zuhörer mitgeschrieben haben. Auf diese Weise hat sich sein Gedankengut sehr schnell verbreiten können. Die reformatorische Bewegung profitierte damit stark von der Erfindung des Buchdrucks durch Johannes Gutenberg im 15. Jahrhundert. Besonders die aufstrebenden Städte hatten sich zu Zentren des Druckgewerbes entwickelt, in denen Bücher und Flugschriften schnell und in vergleichsweise hoher Auflage produziert werden konnten. Selbst im kleinen Wittenberg gab es zu Luthers Zeit bereits mehrere Verlage mit Druckerei. Besondere Bedeutung hatte für Luther und die Reformation insbesondere der „Bibeldrucker" Hans Lufft. Ohne die Verlage hätte sich das reformatorische Gedankengut niemals so schnell verbreiten können. Zur wichtigsten Publikation der Reformation entwickelte sich natürlich Luthers Bibelübersetzung. In den Monaten nach dem Wormser Reichstag 1521 von Friedrich dem Weisen auf der Wartburg bei Eisenach in eine Art Schutzhaft genommen, übersetzte Luther dort in kürzester Zeit das Neue Testament. Im September 1522 kam es als sog. „Septembertestament" in einer Auflage von 3000 Exemplaren auf den Markt. Für heutige Verhältnisse klingt das unspektakulär, allerdings hatte eine Stadt wie Wittenberg zu jener Zeit noch deutlich unter 5000 Einwohner. Schon im Dezember folgte ein verbesserter Nachdruck. Die Übersetzung des Alten Testamentes dauerte dann bis 1534. Hier war Luther stärker als beim Neuen Testament auf philologische Unterstützung angewiesen, sodass man das Alte Testament eher als eine Gemeinschaftsarbeit sehen kann. Dass die Lutherbibel einen so durchschlagenden Erfolg hatte, lag nicht nur an der Erfindung des Buchdrucks und an der Bedeutung des Wortes für die reformatorische Theologie, sondern auch an Luthers Sprachgewalt und an der Verwendung einer weitgehend dialektfreien Ausprägung der deutschen Sprache. So konnte seine Übersetzung im gesamten hochdeutschen Sprachgebiet (vom äußersten Süden abgesehen) gelesen und verstanden werden. Schätzungen gehen davon aus, dass im Jahr 1533 jeder 70. Deutsche bzw. jeder 10. deutsche Haushalt ein Neues Testament von Luther besaß. Die Betonung des gepredigten und geschriebenen Wortes bedeutete für die sich ausbildenden lutherischen Kirchen keine Vernachlässigung von Kunst und Musik. Es erwies sich als besonderer Glücksfall, dass Friedrich der Weise im Jahr 1505 den Maler Lucas

Cranach d.Ä. nach Wittenberg geholt hatte. Aus der Cranach-Werkstatt, die später sein gleichnamiger Sohn übernommen hat, gingen etwa 60 Altarwerke sowie unzählige religiöse Bilder hervor, außerdem viele Porträts etwa auch von Luther und Melanchthon. Anders als die Schweizer Reformatoren um Zwingli konnte Luther der Vermittlung der biblischen Botschaft durch das Bild viel abgewinnen. Das Gleiche galt für die Musik. Das Singen deutscher Lieder im Gottesdienst war für Luther, der selbst etliche Lieder verfasst hat, eine wesentliche Form der Beteiligung am Gottesdienst. Viele seiner Lieder erklingen bis heute in den Kirchen, so etwa das Adventslied „Nun komm, der Heiden Heiland" oder das Psalmlied „Ein feste Burg ist unser Gott".

Allerdings sollen auch die finsteren Seiten der Reformation nicht verschwiegen werden. Drei Problemfelder seien exemplarisch genannt. Zum ersten ist Luthers Verhältnis zu den Juden zu nennen. Er betrachtete sie als Nachfahren des alttestamentlichen Volkes Israel, das Jesus nicht als den verheißenen Messias erkannt und stattdessen seine Hinrichtung betrieben hatte. Lange Zeit hoffte er, dass sich nun wenigstens die zeitgenössischen Juden zum Christentum bekehren würden. Je weniger das geschah, desto zorniger und unversöhnlicher wurde er gegenüber den Juden. Auch wenn sich von hier aus keine direkten Linien (im Sinne eines Kausalzusammenhanges) zu geschichtlichen Ereignissen der jüngeren Vergangenheit und der Gegenwart ziehen lassen und auch wenn antijüdische Ressentiments damals weit verbreitet waren, lassen uns die abstoßenden Äußerungen vor allem des späten Luther doch erschaudern. Ähnliches gilt für die kompromisslose Haltung, die er 1525 im Bauernkrieg eingenommen hat. Zwar unterstützte er anfangs die Forderungen der Bauern, doch nachdem im Land offene Aufstände ausgebrochen waren, verlor er jedes Verständnis und forderte die Obrigkeit auf, die Ordnung wiederherzustellen. Ironischerweise beurteilte Friedrich der Weise, der in jenen Tagen auf dem Sterbebett lag, die Anliegen der Bauern bis zuletzt mit sehr viel mehr Milde. Als drittes Problemfeld sei schließlich der massive Teufelsglaube genannt, von dem sich auch die Reformatoren nicht lösen konnten. So sind etwa für das Jahr 1540 in Wittenberg Hexenprozesse mit sehr brutalen Verhörmethoden und Hinrichtungen überliefert.

Man sieht: Die Reformatoren waren in mancher Hinsicht noch stark in mittelalterlichen Vorstellungen verhaftet, und doch brach sich bei ihnen an anderer Stelle schon neues, modernes Denken Bahn. Die Bibel als die Grundurkunde der Christenheit hat in der Geschichte vielleicht nie stärker gezeigt, welches Potential der Erneuerung und Belebung in ihr steckt. Zwar sind Ablass, Fegefeuer und manch andere Streitfrage von damals heute, nach 500 Jahren, kein Thema mehr. Aber doch wirkt das, was 1517 in Wittenberg seinen Anfang nahm, bis in unsere Tage hinein. Und wie auch immer man zur Reformation steht – sie ist kein Phänomen, das nur innerhalb der Kirchenmauern Folgen gehabt hätte. Die Vielfalt und Buntheit dieses prägenden Zeitalters soll durch die Bild- und Themenauswahl dieses Jahresbegleiters exemplarisch vorgestellt werden. Eine Ausgewogenheit ist dabei nur in Annäherung möglich, existieren doch zum Beispiel von vielen Frauen der Reformation keine Bildnisse, sodass sie leider unterrepräsentiert sind. Personen und Ereignisse werden, wo immer es möglich ist, Daten und Orten zugeordnet. Kunstwerke, Dokumente, Buchtitel, Lieder, Flugblätter und Karikaturen aus der Zeit zwischen 1490 und 1560 runden das Bild ab. Hinzu kommen Blicke auf die Wirkungsgeschichte in Gestalt von Historienbildern, Denkmälern, Briefmarken und Filmen. Lassen Sie sich auf eine anregende und abwechslungsreiche Reise durch 365 Tage Reformation mitnehmen!

Florian Voss

1. Januar

Der Reformator Huldrych Zwingli wurde am 1. Januar 1484 in Wildhaus (Schweiz) als Sohn eines Bauern geboren. Das Bild zeigt sein Geburtshaus. Nach dem Besuch verschiedener Lateinschulen studierte er in Wien und Basel und legte das Magisterexamen ab. Danach studierte er noch sechs Monate Theologie. 1506 zum Priester geweiht, wurde Zwingli für zehn Jahre Pfarrer in Glarus, später Leutpriester in Einsiedeln. Er vertiefte seine Bildung durch Selbststudium, lernte Griechisch und stand in Austausch mit anderen Schweizer Humanisten. Neben das Studium antiker Autoren und der Kirchenväter trat bei ihm zunehmend die Beschäftigung mit der Bibel.

2. Januar

Anfang Januar 1519 trat Zwingli nach Wahl durch die dortigen Chorherren seinen Dienst am Zürcher Großmünster an. Durch seine Predigten bereitete er einer Kirchenreform den Boden. Als er in den Verdacht der Häresie geriet, berief der Zürcher Rat im Januar 1523 eine Disputation zu Zwinglis Thesen in das Rathaus ein, an der über 200 Ratsherren und 400 Geistliche teilnahmen und aus der Zwingli als Sieger hervorging. In weiteren großen Disputationen (Oktober 1523 und Januar 1524) klärte man die Fragen der Heiligen- und Bilderverehrung und beschloss eine Neuordnung des Gottesdienstes sowie die schrittweise Aufhebung der Klöster.

3. Januar

Mit der Bannbulle „Decet Romanum Pontificem“ vom 3. Januar 1521 vollzog Papst Leo X. endgültig die Exkommunikation Luthers, die er mit der Bannandrohungsbulle „Exsurge Domine“ (lat. „Erhebe dich, Herr“) vom 15. Juni 1520 angekündigt hatte, sollte dieser nicht binnen 60 Tagen widerrufen. Luther hatte dies abgelehnt und die Bannandrohungsbulle stattdessen am 10. Dezember 1520 öffentlich verbrannt.

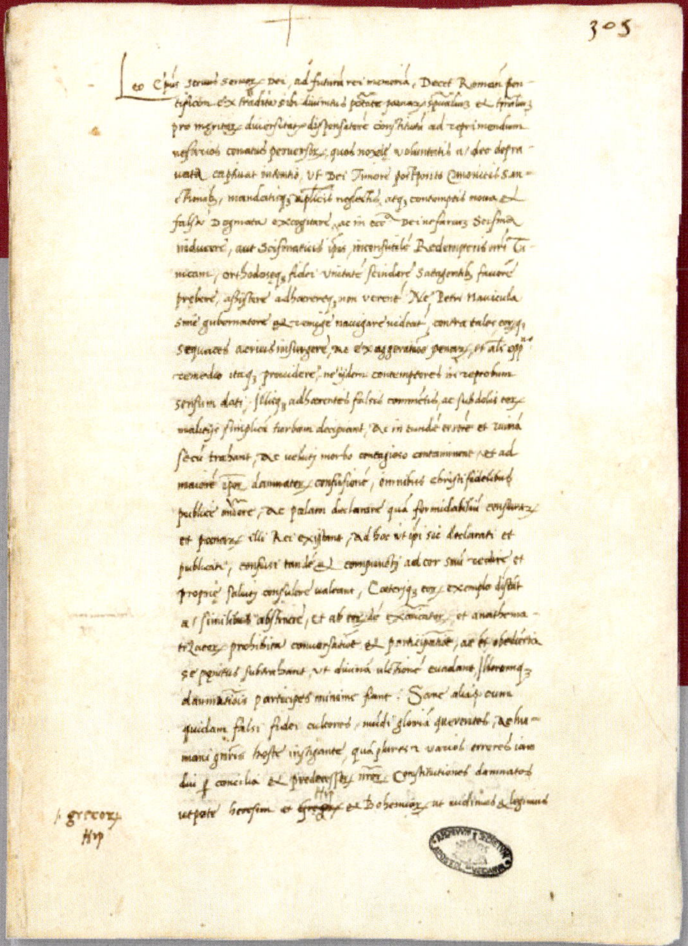

4. Januar

Im Gefolge der Reformation entstand die radikal-reformatorische Bewegung der Täufer, die die Kindertaufe ablehnten und das allgemeine Priestertum der Gläubigen sowie die Autonomie der Gemeinden betonten. Auch im Umkreis Zwinglis in Zürich gab es Täufergruppen. Die Differenzen mit ihnen sollten in öffentlichen Disputationen geklärt werden, von denen die erste am 17. Januar 1525 im Zürcher Rathaus stattfand *(Bild)*. Das Ergebnis war letztlich die Ausweisung derer, die ihre Kinder nicht taufen lassen wollten, sowie weitere Repressalien gegen die Täufer. Einige von ihnen flohen ins Zürcher Umland und gewannen dort weitere Anhänger.

5. Januar

Als sich in der Umgebung von Zürich die Täuferbewegung ab Ende Januar 1525 weiter ausbreitete, ließ der Rat der Stadt einige ihrer führenden Vertreter verhaften. Zwingli versuchte vergeblich, diese in Gesprächen zum Widerruf zu bewegen. Selbst Folter führte nicht zum gewünschten Erfolg. Während manche der Verhafteten freikamen und emigrierten, blieb Felix Manz im Land, predigte und taufte unbeirrt weiter. So wurde er zuletzt am 3. Dezember 1526 erneut verhaftet, zum Tode verurteilt und in Zürich am 5. Januar 1527 in der Limmat ertränkt *(Bild)*. Er war der erste Märtyrer der Täuferbewegung.

6. Januar

Als Sohn eines Schmiedes wurde Olaus Petri am 6. Januar 1493 in Örebro geboren. Er studierte zunächst kurz in Uppsala, dann ab 1516 in Leipzig und Wittenberg. 1519 kehrte er nach Schweden zurück. 1520 zum Diakon geweiht, predigte er bereits reformatorisch. König Gustav I. Wasa ließ ihn 1524 nach Stockholm versetzen, wo er Stadtschreiber und Prediger an der dortigen Hauptkirche (Storkyrkan, davor heute sein Denkmal, siehe Bild) wurde. Er übersetzte das Neue Testament ins Schwedische. Zusammen mit seinem Bruder Laurentius, der 1531 der erste lutherische Erzbischof von Schweden wurde, gilt Olaus Petri als der entscheidende Reformator des Landes.

7. Januar

Die sieben „Freien Künste" (lat. artes liberales) haben ihren Ursprung in der Antike und stellten in der mittelalterlichen Universität eine Art Grundstudium für Theologie, Jurisprudenz und Medizin dar. Traditionell bauten dabei das *Trivium* (Grammatik, Rhetorik, Dialektik, die Logik eingeschlossen) und das *Quadrivium* (Arithmetik, Geometrie, Musik und Astronomie) aufeinander auf. Nach Abschluss dieser Studien erhielt der Student den akademischen Grad des *Magister Artium,* für Martin Luther geschah dies am 7. Januar 1505. – Das Bild aus einem Tübinger Hausbuch (15. Jh.) zeigt symbolisch die Freien Künste mit ihren Attributen: Geometrie, Logik, Arithmetik, Grammatik (in der Mitte), Musik, Physik (anstatt der Astronomie), Rhetorik.

8. Januar

Katharina, Gräfin zu Schwarzburg, wurde am 8. Januar 1509 als Fürstin von Henneberg geboren und war seit 1524 mit dem Grafen Heinrich XXXII. verheiratet, dem ersten lutherischen Grafen von Schwarzburg. Nach dessen Tod 1538 blieb sie in Rudolstadt. Als sich Herzog Alba, von der Schlacht bei Mühlberg kommend, bei ihr am 26. Juni 1547 zum Frühstück einlud, machte sie ihm Vorwürfe wegen der Plünderungen seiner Truppen. Sie forderte „Fürstenblut für Ochsenblut", falls das geraubte Vieh nicht an ihre Untertanen zurückgegeben würde *(Bild: Gemälde von Wilhelm Lindenschmit d. J.)*. Dieses mutige Verhalten trug ihr den Beinamen „die Heldenmütige" ein. Noch zwanzig Jahre wirkte sie im Sinne der Reformation und starb am 7. November 1567 in Rudolstadt.

9. Januar

Nach dem Tod von Papst Leo X. wurde der deutsch-niederländische Kardinal Adrian von Utrecht (1459–1523) am 9. Januar 1522 als Kompromisskandidat zum Papst gewählt. Zuvor war er ein bedeutsamer Lehrer an der Universität Löwen und ab 1507 Erzieher des späteren Kaisers Karl V. gewesen. Der neue Papst, der als persönlich integer, asketisch und fromm galt, trat sein Amt in Rom am 31. August 1522 an. Er wandte sich gegen die luxuriöse päpstliche Hofhaltung sowie gegen das Ablass- und Pfründewesen. Der wegen der Reformation drohenden Kirchenspaltung wollte er mit einer eigenen Kirchenreform entgegenwirken. Doch dazu kam es nicht, denn Hadrian VI. verstarb bereits am 14. September 1523.

10. Januar

Johannes Cochläus (eigentlich Dobeneck), am 10. Januar 1479 in Wendelstein geboren, war zunächst Rektor der Lateinschule in Nürnberg. Nach einem Jurastudium in Bologna und der Promotion zum Dr. theol. wurde er 1518 in Rom zum Priester geweiht und stand seitdem in enger Beziehung zur Kurie. Als Dechant des Liebfrauenstifts in Frankfurt am Main (1520–25) wurde er zum erbitterten persönlichen Feind Martin Luthers und beriet dessen Gegner. Seit 1530 nahm er an fast allen kirchenpolitischen Verhandlungen teil. Von 1527 bis 1539 war er Domherr in Meißen und zuletzt Kanonikus am Dom zu Breslau, wo er am 11. Januar 1552 starb.

11. Januar

Das Titelblatt von Cochläus' polemischem Traktat „Die sieben Köpfe Martin Luthers" (1529) zeigt ein siebenköpfiges Monstrum, durch das Luther unter anderem als ungläubiger Türke (mit Turban) oder als Schwärmer (umschwärmt von Insekten) diffamiert wird, obwohl er selbst die Schwärmer bekämpft hat. Mit „Barab(b)as" wird auf eine biblische Gestalt angespielt: Als Pilatus das Volk beim Prozess Jesu vor die Alternative stellte, ob er Jesus oder Barabbas freilassen solle, fiel die Entscheidung vehement für Barabbas aus. Damit wird hier indirekt Luthers Popularität als die eines Verbrechers verunglimpft.

12. Januar

Der hochgebildete Kaiser Maximilian I. (geb. 1459, ab 1508 offiziell Kaiser des Heiligen Römischen Reichs) galt vielen als „der letzte Ritter". Sein Versuch, das burgundische Erbe seiner ersten Frau für das Haus Habsburg zu erhalten, führte zu jahrhundertelangen Konflikten mit Frankreich. Ein Bündnis mit Spanien begründete die spätere Weltgeltung seiner Dynastie. Die Kriege und die prunkvolle Hofhaltung brachten ihn in finanzielle Abhängigkeit von dem Augsburger Bankhaus Fugger. Maximilian I. förderte den Humanismus und die Wissenschaften und sammelte zahlreiche Künstler und Gelehrte um sich. Der Kaiser starb am 12. Januar 1519, im gleichen Jahr schuf Albrecht Dürer sein repräsentatives Herrscherbild für die Nachwelt.

13. Januar

Die St.-Annen-Kirche, die alte Bergmannskirche der Eisleber Neustadt, wurde im Jahr 1513 von Graf Albrecht IV. von Mansfeld-Hinterort gegründet. Am 13. Januar 1516 wurde der Chorraum *(Bild)* durch Albrecht von Brandenburg, Erzbischof von Magdeburg und Mainz, eingeweiht. Die Kirche ist berühmt für ihre Steinbilderbibel – 29 Sandsteinreliefs, die 1585 von dem Bildhauer Hans Thon Uttendrup geschaffen wurden und von denen 23 Felder Geschichten aus dem Alten Testament zeigen. Mit Caspar Güttel als Prediger wurde St. Annen die erste evangelische Kirche im Mansfelder Land. Hier wurde auch die erste evangelische Schule eingerichtet.

14. Januar

Martin Luther weilte 1515 und 1516 jeweils kurzzeitig in dem mit der St.-Annen-Kirche verbundenen Augustiner-Eremiten-Kloster, zuerst als Priester, dann als Distriktsvikar seines Ordens in Meißen und Thüringen. Er könnte dabei von der dortigen westlichen Anhöhe über seiner Geburtsstadt Eisleben einen ähnlichen Blick gehabt haben, wie ihn das Foto zeigt. Rechts ist Luthers Taufkirche St. Peter und Paul zu sehen, links die St.-Andreas-Kirche, in der er seine letzte Predigt hielt und nach seinem Tod aufgebahrt wurde.

15. Januar

Der Notar und Kammerherr Karl von Miltitz (um 1490–1529) wurde im September 1518 als päpstlicher Nuntius nach Deutschland geschickt, um Kurfürst Friedrich dem Weisen die Goldene Rose (Tugendrose), eine Auszeichnung des Papstes, zu überbringen. Zuvor führte er Anfang Januar 1519 mit Martin Luther Geheimverhandlungen auf Schloss Altenburg *(Bild)*, in denen er ihn zum Stillschweigen bewegen wollte. Luther willigte ein, falls sich auch seine Gegner darauf einließen. Dies war freilich illusorisch und folglich blieben weitere Gespräche mit dem Nuntius ebenso ergebnislos.

16. Januar

Georg Burkhardt Spalatin wurde am 17. Januar 1484 in Spalt geboren, besuchte die Lateinschule im nahen Nürnberg, studierte in Erfurt Philosophie und später Theologie sowie in Wittenberg Griechisch und Geschichte. Nach 1514 wurde er Hofkaplan am dortigen kursächsischen Hof sowie Beichtvater und Sekretär von Kurfürst Friedrich III. dem Weisen. Als solcher setzte er sich beharrlich dafür ein, dass Luther vom Kurfürsten geschützt und unterstützt wurde. Nach dem Tod Friedrichs des Weisen 1525 wurde Spalatin Pfarrer und 1528 erster Superintendent in Altenburg. Er war maßgeblich an der Organisation der sächsischen Landeskirche beteiligt. Spalatin starb am 16. Januar 1545 in Altenburg *(Bild: Porträt von Lucas Cranach d. Ä.)*.

17. Januar

Friedrich III. von Sachsen wurde am 17. Januar 1463 auf Schloss Hartenfels zu Torgau geboren. Durch die von seinem Vater Ernst und dessen Bruder Albrecht vorgenommene Teilung des sächsischen Herrschaftsgebietes fielen ihm die weit verstreuten Gebiete Kursachsens und die Kurwürde zu. Ab 1486 regierte er als Kurfürst zusammen mit seinem Bruder Johann dem Beständigen und baute Wittenberg als Residenzstadt mit einer 1502 von ihm gegründeten Universität aus. Von einer Wallfahrt ins Heilige Land 1493 brachte er einen reichen Reliquienschatz mit, den er zu einer der größten Sammlungen seiner Zeit erweiterte. Als Politiker handelte Friedrich III. zurückhaltend und auf Ausgleich bedacht, was ihm den Beinamen „der Weise" eintrug *(Bild: Porträt von Albrecht Dürer)*.

18. Januar

Zur 1200-Jahr-Feier von Spalatins Geburtsort Spalt stiftete der örtliche Heimatverein 2010 ein Denkmal für den fränkischen Reformator, das die Künstlerin Verena Reimann schuf. Es steht vor dem Chor der katholischen Kirche St. Nikolaus und stellt Spalatin als Durchbrecher einer Mauer dar.

19. Januar

Die Verssatire „Das Narren Schyff" gilt als eine der erfolgreichsten Dichtungen der frühen Neuzeit. Das Buch, 1494 in Basel gedruckt, wurde in fast alle europäischen Sprachen übersetzt. Es werden darin die Laster und Eigenheiten von Personen, Berufen und Ständen in Gestalt von über 100 Narren bei einer Schiffsfahrt dargestellt. Einen Teil der Holzschnittillustrationen *(Bild)* schuf der junge Albrecht Dürer. Der Autor Sebastian Brant (1457–1521) stammte aus Straßburg und wirkte als Jurist und Berater von Buchdruckern in Basel. Er kehrte 1501 nach Straßburg zurück und war dort als Syndikus, später als Stadtschreiber (Kanzler) tätig.

20. Januar

Der in Torgau geborene Nikolaus von Amsdorf (1483–1565) studierte in Leipzig und Wittenberg Philosophie und Theologie, Fächer, die er später selbst lehrte. Nach Luthers Ankunft in Wittenberg befreundeten sich die Gleichaltrigen und Amsdorf wurde bald ein Verfechter von Luthers Lehren. Auf dessen Vorschlag hin wurde Amsdorf 1524 erster Superintendent von Magdeburg und führte dort die Reformation ein. 1542 setzte Kurfürst Johann Friedrich ihn als Bischof von Naumburg durch. Luther selbst ordinierte ihn am 20. Januar 1542 als ersten evangelischen Bischof Deutschlands. Doch schon 1546 verlor er sein Amt als Folge des Schmalkaldischen Krieges. Seine letzten Lebensjahre verbrachte Amsdorf in Eisenach, wo er am 14. Mai 1565 starb.

21. Januar

Der Naumburger Dom gehört zu den bedeutendsten spätromanischen Sakralbauten im Übergang zur Frühgotik in Deutschland. Besonders die Passionsreliefs und die Kreuzigungsgruppe am Lettner des Westchors sowie die berühmten Stifterfiguren, sämtlich um 1250 vom „Naumburger Meister" geschaffen, einem namentlich nicht bekannten Baumeister und Bildhauer, sind bildhauerische Spitzenwerke ihrer Zeit. – Der nach dem Sieg Karls V. 1547 über den Schmalkaldischen Bund wiedereingesetzte katholische Bischof Julius von Pflug verstarb 1564, danach wurde das Bistum Naumburg aufgelöst. Der Dom blieb Kirche der evangelischen Domgemeinde.

22. Januar

Radikale Täufer hatten in den 1530er-Jahren d
Stadt Münster unter ihre Kontrolle gebracht u
dort eine apokalyptische Herrschaft aufgebaut.
halbes Jahr nach deren Ende wurden die drei v
bliebenen Oberhäupter Jan van Leiden *(Bild)*, Ber
Krechting und Bernd Knipperdolling am 22. Jan
1536 zu Füßen der Lambertikirche auf dem Prin
palmarkt in Münster zu Tode gefoltert. Dabei w
den ihnen die Zungen herausgerissen und ihre K
per mit glühenden Zangen zerfetzt. Nach v
Stunden wurden sie erdolcht. Die mit Brandwund
übersäten Leichen wurden in eisernen Körben
Turm von St. Lamberti zur Abschreckung auf
hängt. Noch fünfzig Jahre später sollen letzte K
chenreste zu sehen gewesen sein.

23. Januar

Die eigentlich für den Gefangenentransport bestimmten eisernen Original-Körbe, in denen die Leichen der 1536 hingerichteten Anführer des Münsteraner Täuferreichs zur Schau gestellt wurden, hängen noch heute am Turm von St. Lamberti in Münster.

24. Januar

Das breitgelagerte, vielfigurige Gemälde von Lucas Cranach d. J. zu 1. Könige 18 aus dem Jahr 1545 zeigt im Vordergrund den „Wettstreit" des Propheten Elia mit den Baalspriestern, während links hinten zu sehen ist, wie die Unterlegenen dann am Bach Kischon abgeschlachtet werden. Stark karikierend ist rechts vorne ihr vorheriges Bemühen um ein Wunder durch ihren Gott Baal dargestellt. Elia steht betend in der Bildmitte, rechts neben ihm der entsetzte König Ahab und links der provisorisch wiedererrichtete „Altar des HERRN". Hinter den vier Kannen, aus denen man Wasser über das Opfer geschüttet hatte, steht das Volk, das staunend auf das vom Himmel herabfallende göttliche Feuer schaut.

25. Januar

Franz I. aus dem Hause Valois wurde am 12. September 1494 geboren und am 25. Januar 1515 zum König von Frankreich gekrönt. Durch seine Ansprüche auf Italien und Burgund wurde er zum ständigen Gegner Kaiser Karls V. Eine Reihe von Kriegen gegen Habsburg zogen Niederlagen und sogar Gefangenschaft für Franz I. nach sich. Vergeblich blieb sein Versuch, sich mit England zu verbünden, doch kam ein weitreichender Handelsvertrag mit dem Osmanischen Reich zustande. Der König suchte die Verbindung zu den protestantischen Reichsständen, bekämpfte aber im eigenen Land die Reformation. Franz I. war ein glänzender Renaissancefürst und ein großzügiger Förderer von Kunst, Kultur und Wissenschaften. Er starb am 31. März 1547 *(Bild: Porträt von Jean Clouet)*.

26. Januar

Die 1488 als Felicitas von Münch geborene junge Adlige heiratete am 26. Januar 1507 den kursächsischen Schlosshauptmann Wolf von Selmenitz. Im Jahr 1519 verwitwet, lebte sie auf ihrem Anwesen in Glaucha bei Halle und lernte hier Thomas Müntzer kennen. Über ihn bekam sie Zugang zu den reformatorischen Lehren, nahm Briefkontakt mit Martin Luther auf und zog nach Wittenberg, wo ihr Sohn Georg ab 1529 studierte. Die von den Reformatoren oft mit eigenhändigen Widmungen an sie versehenen Werke studierte sie intensiv. Ab 1547 wieder in Halle, wirkte Felicitas von Selmenitz bis zu ihrem Tode am 1. Mai 1558 als erste Frau der Reformation in dieser Stadt *(Bild: Epitaph auf dem Stadtgottesacker)*.

27. Januar

Ab Mai 1529 durften in Halle (Saale) nach einem Erlass Kardinal Albrechts von Brandenburg keine Toten mehr innerhalb der Stadtmauern begraben werden. Daraufhin richtete man auf dem Martinsberg einen neuen, mit einer Mauer umfriedeten Begräbnisplatz ein. Ab 1557 bis etwa 1590 wurden hier nach Entwürfen des Baumeisters und Steinmetzen Nickel Hoffmann 94 Schwibbögen über Grüften errichtet und so, nach dem Vorbild italienischer Camposanto-Anlagen, ein großer, nach innen offener Arkadenhof geschaffen. Der Stadtgottesacker in Halle ist einer der schönsten Renaissancefriedhöfe nördlich der Alpen.

28. Januar

Heinrich VIII. Tudor wurde am 28. Juni 1491 geboren und war von 1509 bis zu seinem Tode König von England. Vielseitig begabt, gebildet und theologisch interessiert, verfasste er 1521 eine Schrift gegen Luther. Mit sechs Ehen ging er in die Skandalgeschichte ein. Wegen einer vom Papst verweigerten Eheannullierung trennte Heinrich VIII. die englische von der römisch-katholischen Kirche und betrieb die Etablierung einer Anglikanischen Staatskirche mit dem König als Oberhaupt (1534). Zahlreiche Hinrichtungen wegen angeblichen Hochverrats trafen sowohl romtreue Katholiken als auch Anhänger der Reformation. Extreme Fettsucht und diverse Krankheiten führten schließlich zum Tod des Königs am 28. Januar 1547 *(Bild: Gemälde von Hans Holbein d. J.)*.

29. Januar

Katharina von Bora, die spätere Ehefrau Martin Luthers, wurde am 29. Januar 1499 in Lippendorf südlich von Leipzig geboren. Ihre Eltern, Hans von Bora und Katharina, geborene Haubitz gehörten zum sächsischen Landadel, die Familie war allerdings verarmt. Ende 1504 gab ihr inzwischen verwitweter Vater Katharina zur Erziehung in das Benediktinerinnen-Kloster Brehna und brachte sie dann 1508/09 im Zisterzienserinnen-Kloster Marienthron in Nimbschen unter. Am 8. Oktober 1515 wurde sie dort zur Nonne geweiht. Sie blieb bis zu ihrer Flucht 1523 im Kloster.

30. Januar

Vor dem Lutherhaus in Wittenberg steht ein Bronzedenkmal für Katharina von Bora, das 1999 von der Künstlerin Nina Koch geschaffen wurde. Es zeigt Luthers Frau energisch durch einen abstrakt angedeuteten Türrahmen schreitend. Damit soll gewürdigt werden, dass sie tatkräftig und umsichtig die vielfältigen Aufgaben in Kindererziehung, Haushaltsführung, Gästebewirtung, Gemüseanbau, Viehhaltung, Verwaltung von Geld und Ländereien erfüllte und ihren Mann dadurch erheblich entlastete. Das wusste dieser wohl zu schätzen und redete Katharina gelegentlich ironisch-respektvoll mit „Lieber Herr Käth" an.

31. Januar

Menno Simons wurde um 1496 in Witmarsum in Westfriesland geboren. Er studierte Philosophie und Theologie in Utrecht, wurde 1524 zum Priester geweiht und war Pfarrer in Pingjum, einem Nachbarort von Witmarsum. Nach Zweifeln an der katholischen Abendmahlslehre studierte er die Schriften der Reformatoren. Später stellte er auch die Kindertaufe in Frage. So schloss er sich 1536, nach Aufgabe des Pfarramtes und Heirat, den Täufern an. Menno Simons gewann großen Einfluss auf diese junge Bewegung, sodass sich die norddeutschen Täufer nach ihm *Mennoniten* nannten. Dabei grenzte er sich von den gewaltbereiten Täufern in Münster ab. Er starb am 31. Januar 1561 in Wüstenfelde.

1. Februar

Der am 13. Februar 1480 geborene Hieronymus Aleander (Girolamo Aleandro) wirkte nach seinen humanistischen Studien zunächst als akademischer Lehrer und war im Jahr 1513 Rektor der Universität Paris. Dann schlug er die kirchenpolitische Laufbahn ein und wurde 1520 von Papst Leo X. als Nuntius an den Hof Karls V. entsandt. Auf dem Reichstag zu Worms 1521 forderte er die sofortige Ächtung Luthers, entwarf das Wormser Edikt und betrieb die Verurteilung des Reformators. Auch später bekämpfte er ihn und versuchte friedliche Lösungen im Streit der religiösen Parteien in Deutschland zu hintertreiben. Aleander wurde 1538 von Papst Paul III. zum Kardinal erhoben und starb am 1. Februar 1542 in Rom.

2. Februar

Lucas Cranach d.Ä. wurde 1572 in Kronach als Sohn eines Malers geboren. Über seine frühen Jahre ist wenig bekannt. Ab 1505 war er Hofmaler mit vielfältigen Aufgaben bei Kurfürst Friedrich dem Weisen in Wittenberg. Zusammen mit seinem Landesherrn reiste er 1524 zum Reichstag nach Nürnberg. Dort begegnete Cranach Albrecht Dürer, der ihn zeichnete *(Bild)*. Aber schon früher hatten die beiden großen deutschen Renaissancekünstler einander wahrgenommen und sich vor allem in ihrem grafischen Werk auch gelegentlich aufeinander bezogen.

3. Februar

Gemeinsam mit Luther entwickelte Lucas Cranach d. Ä. das Konzept eines protestantischen Lehrbildes, das in unterschiedlichen Variationen in seiner Werkstatt umgesetzt wurde. Unter dem Titel „Gesetz und Gnade“ werden Szenen aus dem Alten und Neuen Testament gegenübergestellt und so die Rechtfertigungsbotschaft verbildlicht. So sind links hinten der Sündenfall und der Weltenrichter zu sehen, während vorne der Mensch von Tod und Teufel in die Hölle gehetzt wird, denn das Gesetz kann ihn nicht retten. Rechts weist Johannes der Täufer auf Empfängnis, Tod und Auferstehung Christi hin. Durch dessen Sieg über Tod und Teufel wird der Mensch erlöst. Am oberen und unteren Bildrand finden sich erläuternde Bibelstellen.

4. Februar

Zu Beginn seiner Tätigkeit als Hofmaler bewohnte Lucas Cranach d. Ä. zunächst die Malerstube im Wittenberger Schloss. Nachdem er geheiratet hatte, erwarb er 1512 zwei nebeneinanderliegende Häuser am Marktplatz und baute dort einen erfolgreichen Werkstattbetrieb mit Gesellen auf. Später kaufte er ein größeres bebautes Grundstück in der Schlossstraße 1 *(Bild)* und konnte dort ab 1520 eine Apotheke betreiben, in der auch Papier, Tinte und Siegelwachs verkauft wurden. Zudem erhielt er das Weinschankrecht. Durch den Erwerb weiterer Gebäude wurde Cranach 1528 zum reichsten Immobilienbesitzer Wittenbergs.

5. Februar

In seinem Haus Markt 4 richtete Cranach 1523–26 gemeinsam mit dem Goldschmied Christian Döring eine Druckerei ein, die zeitweise von Melchior Lotter d.J. betrieben wurde. Man druckte hier vor allem die Schriften Luthers, aber auch dessen Übersetzung des Neuen Testaments von 1522. Später zog sich Cranach jedoch aus dem risikoreichen Druckereigeschäft zurück. In dem weiträumigen Hof seines Anwesens in der Wittenberger Schlossstraße 1 diente der hintere Seitenflügel wohl ab 1540 als Werkstattgebäude, einige Jahre später wurde dann der Südflügel *(Bild)* für die vergrößerte Werkstatt errichtet.

6. Februar

Die Cranach-Höfe in Wittenberg waren zu DDR-Zeiten stark verfallen. Eine Bürgerinitiative engagierte sich seit 1989 für deren Rettung. Aus ihr ist die Cranach-Stiftung hervorgegangen. Inzwischen sind die Gebäudeensembles Markt 4 und Schlossstraße 1 gründlich saniert. In ihnen befinden sich u. a. Ausstellungen, eine Kinder- und Jugendkunstschule und eine Herberge. 500 Jahre nach Ankunft Cranachs d. Ä. in Wittenberg wurde hier am 27. November 2005 ein Denkmal *(Bild)* für ihn eingeweiht. Die von dem Künstler Frijo Müller-Belecke geschaffene Bronzeplastik zeigt den Maler beim Zeichnen eines Porträts von Martin Luther.

7. Februar

Thomas More (Morus) wurde am 7. Februar 1478 (?) in London geboren und absolvierte humanistische, theologische und juristische Studien. Der Roman „Utopia“ (1516) machte den brillanten Denker berühmt. Unter Heinrich VIII. wurde er 1529 Lordkanzler. Er unterstützte dessen Kirchenpolitik, sofern sie antiprotestantisch war, nicht aber im Hinblick auf die Errichtung einer Staatskirche. Weil er den Suprematseid auf den König als Oberhaupt der anglikanischen Kirche verweigerte, wurde er des Hochverrats angeklagt und am 6. Juli 1535 in London enthauptet. Die katholische Kirche hat ihn 1935 als Märtyrer heiliggesprochen. Als Lordkanzler ließ er allerdings selbst Anhänger der Reformation verfolgen und verbrennen *(Bild: Porträt von Hans Holbein d. J.)*.

8. Februar

Bei der bedeutendsten Tagung des Schmalkaldischen Bundes vom 7. bis 26. Februar 1537 war auch der gesundheitlich angegriffene Martin Luther in Schmalkalden anwesend. Er war zu Gast im Hause des hessischen Rentmeisters Balthasar Wilhelm *(Bild)*, wohnte dort in einem Eckzimmer im 2. Obergeschoss und hielt auch eine Hausandacht. Eine stuckierte Tafel von 1687 mit Inschrift und dem Schwan als Sinnbild des Reformators sowie der Lutherrose und dem Wappen Melanchthons erinnern an deren Aufenthalt.

9. Februar

Sieben Tagungen des Schmalkaldischen Bundes wurden in Schmalkalden abgehalten. Die Eröffnung der Bundesversammlung 1537 fand am 10. Februar im Audienzsaal des Rathauses statt, der – obgleich umgestaltet – seinen mittelalterlichen Eindruck bewahrt hat. Heute bilden drei architektonisch völlig unterschiedliche Bauten den Rathauskomplex: der südliche Bau von 1905, der nördlicher Bau mit spätgotischen Bauteilen sowie der Mittelbau, die „Steinerne Kemenate" von 1419.

10. Februar

Johannes Eck wurde am 13. November 1486 in Egg an der Günz geboren und studierte Philosophie, Theologie, Philologie, Rechts- und Naturwissenschaften. 1508 zum Priester geweiht, lehrte er nach seiner Promotion zum Dr. theol. ab 1510 als Professor für Theologie in Ingolstadt. Hellsichtig erkannte der hochgebildete Eck die Tragweite der Thesen Luthers. 1519 disputierte er mit ihm in Leipzig. Er wurde zum theologischen Hauptgegner Luthers und reiste 1520 sogar nach Rom, um die Weiterführung des Prozesses gegen ihn zu betreiben. Auch weiterhin polemisierte er heftig gegen die Reformation. Eck starb am 10. Februar 1543 in Ingolstadt.

11. Februar

Der Holzschnitt (ca. 1525–30) ist ein Spottbild auf die Gegner Luthers aus der Zeit des Prozesses gegen ihn. Von links nach rechts: Thomas Murner aus Straßburg als Kater, daneben Hieronymus Emser als Bock, weil er einen solchen im Wappen führte, in der Mitte Papst Leo X. als Löwe im Gespräch mit dem schweinsköpfigen Dr. Eck aus Ingolstadt, daneben rechts mit Hundekopf Lemp aus Tübingen.

12. Februar

Im Jahr 1180 wurde Luthers Geburtsstadt Eisleben erstmals urkundlich als Stadt (Civitas) erwähnt, doch schon im 10. Jh. stand hier eine Wasserburg. Um 1200 wurden erstmals in der Gegend Kupfererzvorkommen aufgeschlossen und 1215 den Mansfelder Grafen von Kaiser Friedrich II. das Bergrecht verliehen. Der Erzbergbau erlebte hier im 15. Jh. seine erste Blüte und bildete die Grundlage für den Reichtum der Grafen von Mansfeld und der Stadt Eisleben. Ein verheerender Stadtbrand verwüstete 1498 die Kernstadt, aber bald darauf erfolgte der zügige Wiederaufbau. Der Stich zeigt Eisleben im Jahr 1647, links Luthers Taufkirche St. Peter und Paul, in der Bildmitte die Andreaskirche.

13. Februar

Die Andreaskirche, die bedeutendste und größte Kirche Eislebens, wurde im 15. Jh. unter Einbeziehung von Teilen eines Vorgängerbaus neu errichtet. Nach Stadtbränden von 1498 und 1601 wurde sie jeweils wiederhergestellt. Trotz vieler Veränderungen hat sich von der spätgotischen Ausstattung manches erhalten, so ein monumentaler doppelter Flügelalter aus der Zeit um 1500. Die größte Aufmerksamkeit der Besucher zieht aber wohl die spätgotische hölzerne Kanzel (Anfang des 16. Jh.) auf sich, denn Luther hat auf ihr am Ende seines Lebens viermal gepredigt. Nach seinem Tod wurde er in dieser Kirche aufgebahrt, bevor sein Leichnam nach Wittenberg überführt wurde.

14. Februar

Die sog. Lutherkanzel zeigt in mehrfach erneuerter Grisaillemalerei an Kanzelkorb, Treppe und Pfeilerverkleidung Blatt- und Rankwerk, Heiligengestalten, Maria im Strahlenkranz und einen Harfe spielenden Engel. Auf dieser Kanzel hielt Martin Luther am 14. Februar 1546 seine letzte Predigt. Dabei erlitt er einen Schwächeanfall und musste die Kanzel vorübergehend verlassen. Dann raffte Luther sich nochmals auf, um von der Kanzel herab eine polemische „Vermahnung wider die Juden" zu verkünden. Sollten sie sich nicht bekehren, „sollen wir sie auch bei uns nicht dulden noch leiden."

15. Februar

Gregor von Brück wurde um 1484 in Brück bei Belzig geboren, studierte in Wittenberg und Frankfurt/Oder 1502–1509 Jurisprudenz und arbeitete danach als Jurist. Von 1520 bis 1529 war er kurfürstlich-sächsischer Kanzler. Er setzte sich sehr für die Reformation ein und beriet sowohl seinen Fürsten als auch Luther und Melanchthon. 1521 nahm er am Reichstag zu Worms teil, war 1529 der Hauptverfasser der Speyerer Protestation und wirkte 1530 maßgeblich bei der deutschen Fassung der „Augsburgischen Konfession" sowie der Gründung des Schmalkaldischen Bundes mit. Seine letzten zehn Jahre verbrachte er als Professor der Rechte in Jena, wo er die Gründung der Universität vorbereitete und am 15. Februar 1557 starb.

16. Februar

Philipp Melanchthon wurde am 16. Februar 1497 als Sohn des Rüstmeisters und Waffenschmieds Georg Schwartzerdt (um 1459–1508) und der Tochter eines Kaufmanns und Schultheißen, Barbara, geborene Reuter (1476/7–1529) im kurpfälzischen Bretten geboren. Das Geburtshaus wurde 1689 zerstört, an gleicher Stelle wurde ab 1897 ein Haus im neuspätgotischen Stil errichtet *(Bild)* und 1903 als „Melanchthonhaus" (Museum) eingeweiht. Ab 1508 besuchte Philipp die Lateinschule in Pforzheim und erlernte Latein und Altgriechisch. Sein Förderer, der berühmte Humanist Johannes Reuchlin, wandelte 1509 den Namen des begabten jungen Mannes in die gräzisierte Form Melanchthon um.

17. Februar

Dieses Ende des 15. Jh. in Eisleben errichtete Haus wurde lange Zeit als der Ort angesehen, an dem Luther am 18. Februar 1546 gestorben ist. Neuere Forschungen ergaben, dass sich das wirkliche Sterbehaus Luthers am Markt 56 befand, wo heute das Hotel „Graf von Mansfeld“ steht. Das Haus am Andreaskirchplatz 7 wurde nach 1863 zu einer Stätte des Gedenkens an Luthers Tod umgestaltet. An diese Tradition knüpfte man auch mit der jüngsten Sanierung und Rekonstruktion (bis 2013) an.

18. Februar

Der hallesche Maler Lucas Furtenagel fertigte kurz nach Luthers Tod eine Zeichnung des Verstorbenen an, die als Grundlage für mehrere Gemälde Luthers auf dem Sterbebett diente, die in der Cranach-Werkstatt geschaffen wurden.

19. Februar

Auf Veranlassung des Theologen und Juristen Justus Jonas, eines engen Freundes Luthers, hatte der Maler Furtenagel in Eisleben Gesicht und Hände des toten Luther abgeformt und die Totenmaske wie auch die Hände in Wachs ausmodelliert. Beides wurde 1663 im Auftrag eines Kirchenvorstehers der Marktkirche zu Halle auf eine Gliederpuppe mit echter Kleidung montiert. Diese Bildnisplastik Luthers, über die Bibel gebeugt an einem Tisch sitzend, war bis ins frühe 20. Jh. in Halle zu sehen. Seit 2006 wird die Totenmaske Luthers in würdiger Form in einer Turmkammer der Marktkirche präsentiert *(Bild)*.

20. Februar

In der Marktkirche zu Halle hat Martin Luther mehrfach gepredigt, zuletzt noch am 26. Januar 1546, als er auf seiner letzten Reise durch Hochwasser in Halle aufgehalten wurde. Nach seinem Tod in Eisleben erreichte am 20. Februar der Trauerzug mit seinem Leichnam die Stadt Halle und Luther wurde in der Sakristei der Marktkirche aufgebahrt. Am nächsten Morgen geleiteten der Rat, die Prediger und die Schulen die Leiche Luthers unter Glockengeläut aus der Stadt.

21. Februar

Am 21. Februar 1519 beschloss der Rat der Stadt Regensburg die Vertreibung der Juden und die Zerstörung des jüdischen Viertels. Der Künstler Albrecht Altdorfer, selbst Ratsherr, schuf zwei Radierungen der Synagoge vor ihrer Zerstörung, von denen eine die Überschrift trägt (deutsche Übersetzung): „Im Jahr 1519 ist die jüdische Synagoge in Regensburg nach Gottes gerechtem Ratschluss gänzlich zerstört worden". Neben dem Ort der abgebrochenen Synagoge wurde eine Wallfahrtskapelle „Zur Schönen Maria" errichtet. Ab 1542 wurde Regensburg evangelisch und die Kirche zur ersten neu errichteten evangelischen Pfarrkirche („Neupfarrkirche").

22. Februar

Am 22. Februar 1546 wurde Martin Luther unter der Kanzel der Schlosskirche in Wittenberg beigesetzt. Die Beteiligung der Bevölkerung war groß, Luthers Weggefährte Johannes Bugenhagen hielt die Leichenpredigt und Philipp Melanchthon eine Gedenkrede. Das ursprünglich für Luthers Grab vorgesehene, in Erfurt gegossene Bronzeepitaph *(Bild)* kam wegen des Herrschaftswechsels in Kursachsen nach dem Schmalkaldischen Krieg nicht nach Wittenberg. Es befindet sich heute in der Stadtkirche St. Michael in Jena. Erst 1892 fand ein Nachguss seinen Platz an dem ursprünglichen Bestimmungsort neben der Kanzel der Schlosskirche.

23. Februar

Die in Münster (Westfalen) zunächst erfolgreiche reformatorische Bewegung geriet ab Anfang der 1530er-Jahre zunehmend unter den Einfluss radikaler Kräfte der Täuferbewegung aus den Niederlanden. Diese setzten sich bei der Ratswahl am 23. Februar 1534 durch und etablierten in der Folge ein „Königreich Zion", zu dessen König „Johannes I." der niederländische Schneider und Kaufmann Jan Bockelsson, genannt Jan van Leiden, ernannt wurde. Dessen Statthalter und Bürgermeister im „neuen Jerusalem" wurde der Münsteraner Kaufmann Bernd Knipperdolling *(Bild)*. Das Geld wurde abgeschafft, alle Bücher außer der Bibel verbrannt und eine Gütergemeinschaft eingeführt.

24. Februar

Der spätere Kaiser Karl V. wurde am 24. Februar 1500 in Gent als Sohn Philipps des Schönen und Johannas von Kastilien geboren und wuchs am Hofe seiner Tante Margarete in Mechelen und Brüssel auf. Er sprach v.a. Französisch und hatte nur geringe Deutsch-, Spanisch- und Lateinkenntnisse. 1506 erbte er von seinem Vater Burgund und die Niederlande, 1516 folgte er als Karl I. seinem Großvater mütterlicherseits auf den spanischen Thron. Nach dem Tod seines Großvaters väterlicherseits, Kaiser Maximilian I., fielen Karl auch die Habsburgischen Erblande zu. Am 28. Juni 1519 wurde er gegen den französischen König Franz I. von den Kurfürsten zum römisch-deutschen König und Kaiser gewählt. Die offizielle Krönung Kaiser Karls V. durch Papst Clemens VII. erfolgte erst 1530 in Bologna.

25. Februar

Gent ist eine der schönsten Städte Belgiens, wie der Blick auf das Zentrum mit seinen vielen Türmen beweist *(Bild)*. Im Mittelalter durch Tuchhandel reich geworden, gehörte die Stadt im ausgehenden 15. Jh. zu Burgund und kam durch Heirat von Karls Großvater Maximilian 1477 an die Habsburger. Die Genter widersetzten sich immer wieder in Aufständen den fremden Herren und auch Karl V. verweigerten sie die Gefolgschaft. Dieser reagierte mit großer Härte und ließ eine Zwingburg gegen die Stadt errichten.

26. Februar

Kaiser Karl V. übertrug bereits am 8. August 1556 de facto die Herrschaft im Heiligen Römischen Reich an seinen Bruder Ferdinand *(Bild)*, der schon seit 1531 römisch-deutscher König war. Den Kurfürsten wurde die Abdankungsurkunde Karls V. am 12. September 1556 zugestellt. Doch erst am 26. Februar 1558 proklamierten sie Ferdinand I. als „erwählten Kaiser". Dieser verfolgte weiterhin eine versöhnliche, auf Ausgleich zwischen den Konfessionen bedachte Religionspolitik und plädierte gegenüber dem Konzil von Trient sogar für die Aufhebung des Zölibats und für die Gewährung des Laienkelches beim Abendmahl.

27. Februar

Am 27. Februar 1531 wurde in der thüringischen Stadt Schmalkalden ein Bündnis der protestantischen Fürsten und Städte zur Verteidigung im Falle eines katholischen Angriffs geschlossen. In der „Verfassung zur eilenden Hilfe und Gegenwehr" wurden als Führer und Befehlshaber des Bundes („Bundeshauptleute") Kurfürst Johann Friedrich von Sachsen und Landgraf Philipp von Hessen eingesetzt. Der Bund gewann an Zulauf und wurde zu einem europäischen Machtfaktor. Ein Erfolg war 1534 die Rückeroberung des Herzogtums Württemberg. Nach Wiedereinsetzung Herzog Ulrichs in sein Amt schloss dieser sich dem Bund an, der ab den 1540er-Jahren durch innere Uneinigkeit und reichsrechtliche Schwierigkeiten geschwächt wurde.

Handlung/Artickel/vnnd Instruction/so fürgenō-
men worden sein vonn allen Rottenn vnnd
hauffen der Pauren/so sich zesamen
verpflicht haben: M:D:XXV:

28. Februar

Am 15. und 20. März 1525 verabschiedeten die Vertreter der oberschwäbischen Bauerngruppen in Memmingen ihre Forderungen gegenüber dem Schwäbischen Bund der Fürsten und Reichsstädte in den Zwölf Artikeln. Sie gelten als die erste Niederschrift von Menschen- und Freiheitsrechten in Europa und wurden zu einem zentralen Dokument des Bauernkrieges, der in den Jahren 1524–1526 in weiten Teilen v.a. Süddeutschlands zwischen Zusammenschlüssen von Bauern und der Obrigkeit geführt wurde. Die Zwölf Artikel sollen in der für damalige Zeiten sehr großen Auflage von 25 000 Exemplaren gedruckt und in ganz Deutschland verbreitet worden sein.

1. März

Der Reformator Martin Bucer musste Deutschland 1549 verlassen, weil er der von Kaiser Karl V. angeordneten „katholisierenden“ Neuordnung des Kirchenwesens („Augsburger Interim“) Widerstand entgegensetzte. Bucer emigrierte nach England, wurde in Cambridge promoviert und erhielt dort eine Professur. Am 1. März 1551 starb er dort nach kurzer Krankheit. Unter der englischen Königin Maria I. Tudor („Maria die Katholische“) wurden seine Gebeine 1557 als die eines „Ketzers“ exhumiert und zusammen mit seinen Schriften verbrannt, während ihre Nachfolgerin Elisabeth I. ihn 1560 rehabilitieren ließ.

2. März

Jüngsten Forschungen zufolge ist der 1555 entstandene Altarretabel (Altaraufsatz) der Weimarer Stadtkirche St. Peter und Paul ein Werk Lucas Cranachs d.J., der lange im Schatten seines Vaters stand. Die Mitteltafel zeigt in einer Reihe von Einzelszenen die Quintessenz der reformatorischen Botschaft von der Rechtfertigung durch den Glauben. Dabei hat der Künstler seinen 1553 verstorbenen Vater zwischen Johannes den Täufer und Martin Luther gemalt, doch so, dass ihn ein Blutstrahl aus der Seitenwunde Christi trifft, ein Symbol der Erlösung. Auf den Seitenflügeln sind Herzog Johann Friedrich I. und seine Familie abgebildet – der Altar ist zugleich ein Epitaph.

3. März

Auf die Verhängung der Reichsacht über Kurfürst Johann Friedrich und die Mitglieder des Schmalkaldischen Bundes durch Kaiser Karl V. 1546 folgte der Schmalkaldische Krieg, der mit einer Niederlage der Protestanten endete. In der Entscheidungsschlacht bei Mühlberg (24. April 1547) erlitt Johann Friedrich eine Verwundung im Gesicht, die Narbe wurde in einigen Porträts besonders betont *(Bild)*. Er verlor die Kurwürde und große Teile seines Herrschaftsgebiets an seinen Vetter Moritz von Sachsen. Zunächst zum Tode verurteilt, dann begnadigt, war er fünf Jahre lang Gefangener des Kaisers. In seinen letzten Lebensjahren residierte er als sächsischer Herzog in Weimar und starb dort am 3. März 1554.

4. März

Die Freie Reichsstadt Nürnberg war im 16. Jh. eine der bedeutendsten Städte im Heiligen Römischen Reich und wurde seit 1219 vom Rat der Stadt regiert. Dieser berief auch die sechs Gespräche zwischen den Altgläubigen und den Evangelischen ein, die vom 3. bis 14. März 1525 im Großen Saal des Alten Rathauses *(Bild)* stattfanden. Dabei ließ man die Bibel als alleinige Norm gelten, was zum Sieg der evangelischen Seite führte, sodass sich bald darauf der Rat der Stadt der Reformation anschloss.

5. März

Zacharias Ursinus (eigentlich Baer), am 18. Juli 1534 in Breslau geboren, studierte in Wittenberg und schloss sich Melanchthon an. Eine Studienreise führte ihn nach Genf, Paris und Zürich, dabei hatte er Kontakt zu Calvin und Bullinger. Nach einer Zeit als Lehrer in Breslau und Zürich wurde er 1561 an die Universität Heidelberg berufen, wo er nach seiner Promotion zum Dr. theol. fünfzehn Jahre lang lehrte. Zacharias Ursinus ist der Hauptverfasser des Heidelberger Katechismus, des am weitesten verbreiteten Katechismus der reformierten Kirche (1563). Da er sich weigerte, die lutherische Konkordienformel zu unterschreiben, musste er Heidelberg verlassen und lehrte von 1578 bis zu seinem Tod (6. März 1583) in Neustadt an der Haardt (Neustadt an der Weinstraße).

D.ZACH. VRSINUS SS.THEOL.DOCT.
REGENS COLI SAPIENT. HEIDELB.

6. März

Michelangelo Buonarroti wurde am 6. März 1475 in Caprese geboren, wuchs in Settignano auf und absolvierte nach der Lateinschule in Florenz ab 1488 Ausbildungen zum Maler und Bildhauer. Doch nicht nur in den bildenden Künsten hat er Außerordentliches geschaffen, sondern auch als Ingenieur, Architekt und Dichter. Die Medici und die Stadt Florenz waren seine Auftraggeber, ebenso die Päpste in Rom. Sowohl seine Pietà (1499), der David (1504), der Mose (1516), als auch die Fresken in der Sixtinischen Kapelle (1508–12 und 1534–41) werden zur Weltkunst gezählt. Gekrönt wird sein Werk durch den Entwurf der Kuppel für die Peterskirche in Rom, deren Vollendung er nicht mehr erlebt hat, als er am 18. Februar 1564 dort starb *(Bild: Porträt von Daniele da Volterra)*.

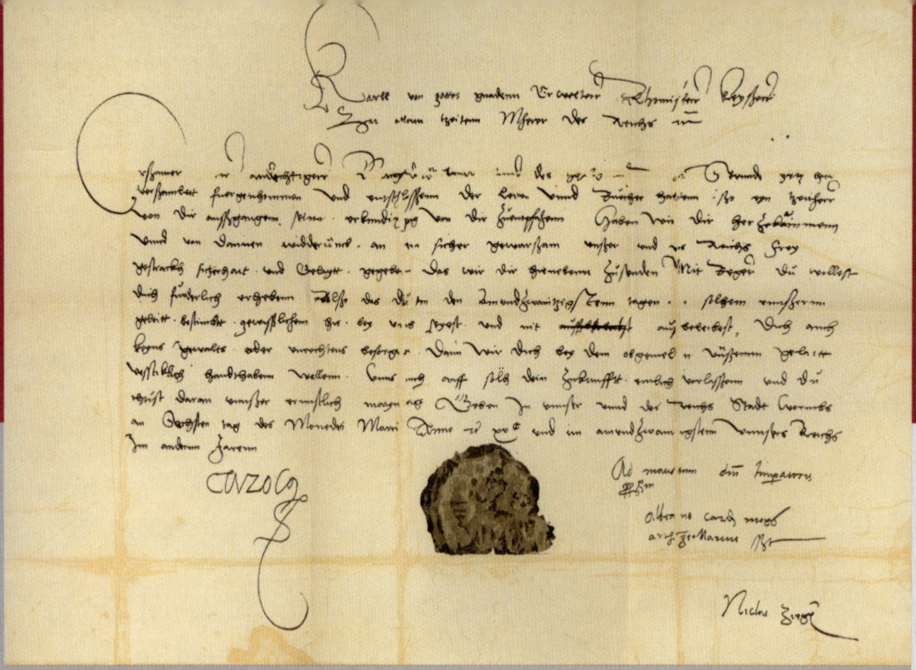

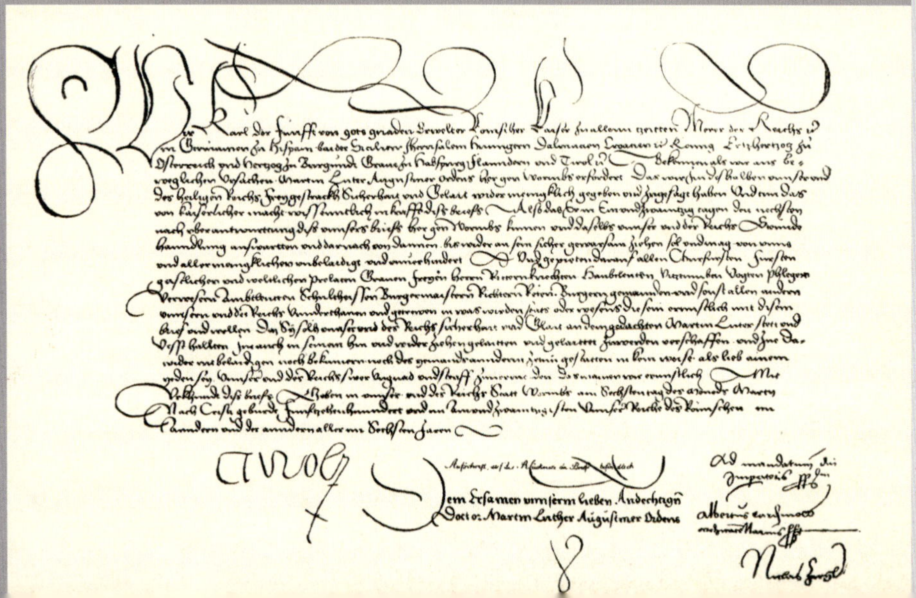

7. März

Am 6. März 1521 ließ Kaiser Karl V. die Vorladung Martin Luthers zum Reichstag nach Worms ausfertigen und unterschrieb sie eigenhändig *(oben)*. Die Anrede ist durchaus freundlich: „Ersamer, lieber, andechtiger“. Es wird auf den Geleitbrief *(unten)* verwiesen, „das wir dir hieneben zusennden, mit beger, du wellest dich förderlich erheben […]“. Neben der Unterschrift des Kaisers findet sich noch folgender Text: „Im Auftrag des Herrn Kaisers hat mit eigener Hand unterschrieben Kardinal Albrecht von Mainz Erzkanzler“. Der Geleitbrief gleichen Datums sichert Luther ausführlich und umständlich freies Geleit „in seinem hin und wider ziehen“ zu.

8. März

Der Holzschnitt (ca. 1530) „Klagrede der armen verfolgten Götzen vnd Tempelpilder..." von Erhard Schoen zeigt keinen furiosen Bildersturm, sondern das ruhige, geordnete Abräumen, Verstauen und Verbrennen von Heiligenfiguren unter behördlicher Aufsicht. Aber die ehrbaren Herren werden unter Anspielung auf Mt 7,3–5 kritisch beleuchtet. Ein Geldsack, ein großer Weinkrug und zwei lose Frauen legen nahe, bei ihnen eine heuchlerische Doppelmoral zu vermuten. Statt den Balken im eigenen Auge (Reichtum, Wohlleben und Unzucht) zu entfernen, wird das Splitterausziehen in Gestalt der Entfernung und Vernichtung unschuldiger Gegenstände praktiziert.

9. März

Der Reformator Andreas Bodenstein, genannt Karlstadt, der Luther 1512 zum Doktor der Theologie promoviert hatte, hatte in Luthers Abwesenheit nach dem Wormser Reichstag 1521 den Wittenbergern radikale praktische Reformen gepredigt: Feier der Messe in Deutsch, Abschaffung des Zölibats und der Heiligenbilder, was möglicherweise erste bilderstürmerische Aktionen auslöste. Über diese Entwicklung besorgt kehrte Luther von der Wartburg zurück. Es gelang ihm, mit Predigten ab dem Sonntag Invokavit (9. März 1522) die Situation in Wittenberg zu klären und zu beruhigen *(Bild: Kanzel der Stadtkirche St. Marien)*. Karlstadt erhielt Predigtverbot und verließ bald darauf die Stadt.

10. März

Erzherzog Ferdinand wurde am 10. März 1503 als jüngerer Bruder des späteren Kaisers Karls V. in Spanien geboren und dort im Geiste der Scholastik erzogen. Ab 1518 wurde er am Hof seiner Tante Margarete in den Niederlanden auch mit dem Gedankengut des großen Humanisten Erasmus von Rotterdam bekannt. 1521 erhielt Ferdinand durch einen habsburgischen Teilungsvertrag die österreichischen Erblande. Er vertrat seinen Bruder bei dessen häufiger Abwesenheit im Heiligen Römischen Reich und wurde bereits 1531 zum römisch-deutschen König gewählt, was seinen Einfluss und seine Macht vergrößerte. Gegenüber den Protestanten vertrat Ferdinand I. eine Politik der Kompromisse und der gegenseitigen Duldung.

11. März

Der spätere Papst Leo X. wurde als Giovanni de' Medici am 11. Dezember 1475 in Florenz geboren. Schon als Kind erhielt er geistliche Würden und Pfründe. Nach einer humanistischen Ausbildung studierte er Theologie und Kirchenrecht in Pisa. 1492 wurde Giovanni offiziell zum Kardinal ernannt. Als 1494 die Medici aus Florenz vertrieben wurden, reiste er zusammen mit seinem Vetter Giulio einige Jahre durch Europa. 1500 kehrte er nach Rom zurück. Hier unterhielt er gute Beziehungen zu dem 1503 gewählten Papst Julius II., als dessen Nachfolger er am 11. März 1513 gewählt wurde. Er förderte Kunst und Kultur und setzte den unter seinem Vorgänger begonnenen Bau der neuen Peterskirche fort *(Bild: Gemälde von Raffael)*.

12. März

Nachdem schon im 15. Jh. ein Neubau der Peterskirche in Rom anstelle der alten konstantinischen Basilika aus dem 4. Jh. geplant worden war, erfolgte erst unter Papst Julius II. 1506 die Grundsteinlegung. Die Finanzierung des Jahrhundertbauwerks sollte auch durch Einnahmen aus dem Ablasshandel erfolgen. Bramante als erster Baumeister am Petersdom ließ die vier gewaltigen Kuppelpfeiler mit Gurtbögen errichten. Nach seinem Tod 1514 stagnierte der Bau unter seinen Nachfolgern. Maarten van Heemskercks Zeichnung aus dem Jahre 1536 zeigt die Baustelle mit der teilweise schon abgerissenen alten Peterskirche (links).

13. März

In dem polemischen Bild „Passional Christi und Antichristi" (1521) aus der Werkstatt Lucas Cranachs d. Ä. werden Jesus und der Papst einander in 13 Holzschnittpaaren gegenübergestellt. Hinzugefügt sind kurze erläuternde Texte mit Zitaten aus den Evangelien und päpstlichen Erlassen. Das vorletzte Blatt *(Bild)* setzt den Ausgangspunkt der Reformation anschaulich ins Bild. Es zeigt links Jesus bei der Austreibung der Geldwechsler und Händler aus dem Bereich des Tempels. Rechts dagegen thront der Papst mit der Tiara auf dem Kopf und unterschreibt Ablassbriefe, um sie an die vor ihm stehenden Männer und Frauen zu verkaufen.

Passional Christi und

Die Wucherer Christus ußtreibt vom Tempel fein —

Er hat funden im Tempel Verkaufer, Schaf, Ochsen und Tauben und Wechsler sitzen, und hat gleich ein Geißel gemacht von Stricken, alle Schäf, Ochsen, Tauben und Wechsler ausem Tempel trieben, das Geld verschütt, die Zahlbrett umbkahrt und zu den,[1] die Tauben vorkauften, gesprochen: Hebt euch hin mit diesen, aus meins Vatern Haus sollt ihr nicht ein Kaufhaus machen, Joh. 2. (V. 14. 15. 16.) Ihr habts umbsunst, darumb gebts umbsunst, Matth. 10. (V. 8.) dein Geld sei mit dir in Vordammnuß. Act. 8. (V. 20.)

[1] so.

Antichristi.

Mit Bullen, Bannbrieffen zwingt sy der Papst wied — hinein.

Hie sitzt der Antichrist im Tempel Gotts, und erzeigt sich als Gott, wie Paulus vorkundet 2. Thessal. 2. (V. 4), vorandert alle gottlich Ordnung, wie Daniel sagt, und unterdruckt die heilig Schrift, vorkäuft Dispensation, Ablaß, Pallia, Bisthum, Lehen, erhebt die Schätz der Erden, lost uf die Ehe, beschwert die Gewissen mit seinen Gesetzen, macht Recht, und umb Geld zureißt er das. Erhebt Heiligen, benedeiet und maledeiet ins vierte Geschlecht, und gebeut sein Stimm zu horen, gleich wie Gotts Stimm. c. sic omnis Dist. 19. und Niemands sall ihm einreden. 17. q. 4. c. Nemini.

14. März

Der niederländische Maler Jheronimus Bosch (um 1450–1516) schuf fantasievoll-symbolische Gemälde wie das Triptychon „Der Heuwagen“ (1510–16). Der linke Flügel stellt das irdische Paradies mit der Erschaffung Evas, dem Sündenfall und der Vertreibung dar, wobei oben aufständische Engel des Himmels verwiesen werden und sich im Sturz auf die Erde zu Teufeln verwandeln. Das Mittelbild zeigt einen riesigen, von Dämonen gezogenen Heuwagen, dem Kaiser, Papst, König und Herzog folgen. Das Volk drängt herzu, jeder versucht etwas vom Heu zu erhaschen. Dies ist Symbol des Geldes und Besitzes, zugleich aber auch der Vergänglichkeit und Verderbnis, denn der Zug führt geradewegs in die Hölle (rechte Tafel).

15. März

Der Holzschnitt aus Basel (um 1522) geht möglicherweise auf einen Entwurf Hans Holbeins d.J. zurück. Dargestellt ist Luther als deutscher Herkules, dem der sterbensmatte Papst Leo X. neben einem Löwenfell unter der Nase hängt. Während der Reformator mit der linken Hand den Kölner Dominikaner und Inquisitor Jakob van Hoogstraten würgt, vernichtet er mit der Keule die Autoritäten der römischen Kirche wie seinerzeit Herkules die vielköpfige Hydra. Zu seinen bereits erschlagenen Opfern am Boden zählen Aristoteles sowie die mittelalterlichen Theologen Thomas von Aquin, Wilhelm von Ockham, Petrus Lombardus und Duns Scotus.

16. März

Luthers Wunsch, dass seine Bibelübersetzung weite Verbreitung im Volk finde, ging erst rund 200 Jahre später in Erfüllung. Am 1. März 1710 brachte der preußische Adlige Carl Hildebrand Freiherr von Canstein (1667–1719) ein Flugblatt in Umlauf, mit dem er um Spenden für einen neuartigen Bibeldruck „vom stehenden Satz" bat. Damit ließen sich Bibeln so preiswert herstellen, dass sie auch für die ärmeren Schichten der Bevölkerung erschwinglich waren. Die noch im gleichen Jahr in den Franckeschen Stiftungen *(Bild)* zu Halle (Saale) gegründete älteste Bibelanstalt der Welt besteht in Gestalt des Canstein Bibelzentrums Halle bis heute fort.

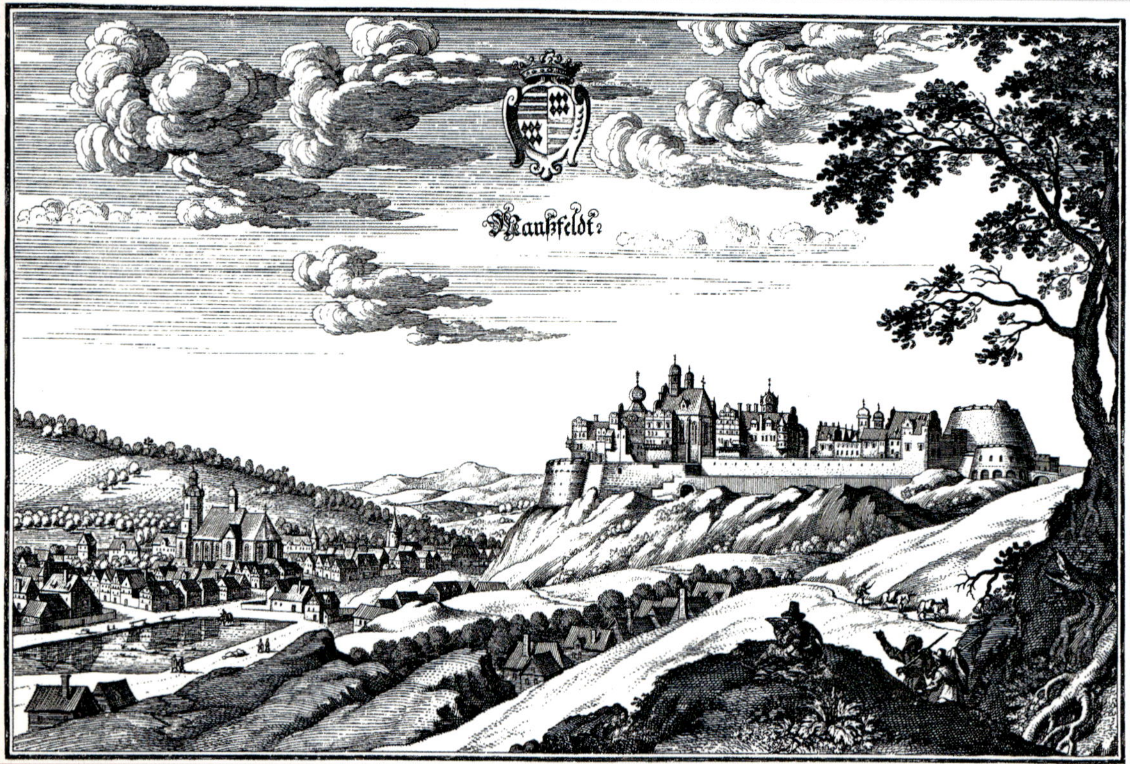

17. März

In einer Urkunde Kaiser Ottos I. von 973 wird der Ort Mansfeld, in dem Martin Luther aufwuchs, erstmals erwähnt, Stadtrecht erhielt die Siedlung um 1400. Über Jahrhunderte wurde die Stadtentwicklung durch Kupfer- und Silberbergbau und Hüttenwesen geprägt, denn den Mansfelder Grafen war das Bergrecht verliehen worden.

18. März

Martin Luthers Vater Hans Luder kam mit seiner Familie im Frühjahr 1484 – also etwa ein halbes Jahr nach Martins Geburt – nach Mansfeld. Die erste Zeit dort war für die Familie entbehrungsreich, allmählich gelang Hans Luder aber der soziale Aufstieg zum Kleinunternehmer im Bergbau und Hüttenwesen. Er erwarb ein eigenes Anwesen *(Bild)* und wurde Ratsherr. Martin verbrachte zusammen mit wenigstens fünf Geschwistern seine Kindheit in der Bergbaustadt. Rückblickend sagt er über seine Erziehung: „Meine Eltern haben mich aufs peinlichste gezüchtigt, bis ich kleinmütig wurde. […] Sie konnten nicht unterscheiden nach der Art, und wie die Strafen zu mäßigen seien."

19. März

Ab dem Gregoriustag (12. März) 1488 besuchte Martin Luther die Mansfelder Lateinschule neben der St.-Georgs-Kirche. Er lernte dort Lesen, Schreiben, Rechnen, Singen und die Anfänge des Lateinischen. Stücke aus der Lateinischen Bibel, dazu das Ave-Maria, das Vaterunser, die zehn Gebote und das Glaubensbekenntnis mussten die Kinder fehlerfrei aufsagen können. Allerdings hatte Luther keine hohe Meinung von seinen Lehrern, hatte er doch selbst die Rute zu spüren bekommen, wie er sich 1543 erinnerte: „… denn ich sollte deklinieren und konjugieren und hatte es (noch nicht) gelernet." Anschaulich passt dazu das 1516 von Ambrosius Holbein gemalte Aushängeschild eines Schulmeisters.

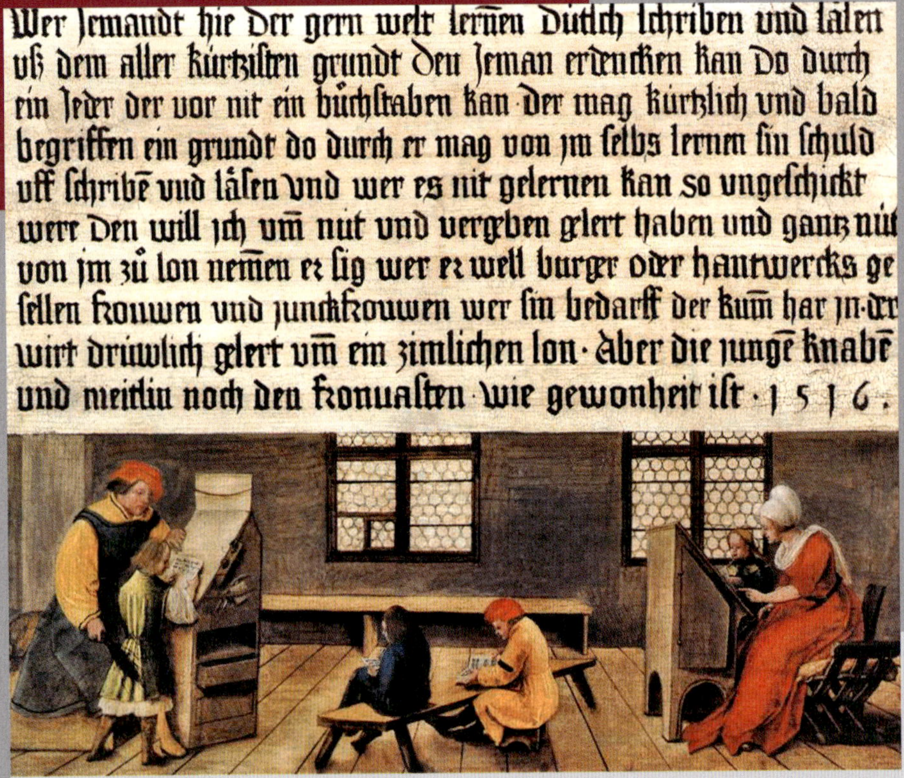

20. März

„Man vergisst, dass Bach ja wirklich Luthers Lehre aufgesogen hat, im Unterricht, in seiner Kindheit, jeden Tag ein Stück des Katechismus, Singen eines Lutherliedes, jeden Tag, von Montag bis Samstag. Und in Leipzig musste Bach seinerseits Katechismus-Unterricht erteilen. Jeden Samstag um sieben Uhr wurden die Thomaner von ihm im Katechismus geprüft. Also der Luther war ihm in Fleisch und Blut übergegangen." So Jörg Hansen, Direktor des Eisenacher Bachhauses 2012 anlässlich der dortigen Sonderausstellung „Bach, Luther und die Musik". Johann Sebastian Bach wurde am 21. März 1685 in Eisenach geboren und starb am 28. Juli 1750 in Leipzig *(Bild: Bachdenkmal vor der Thomaskirche in Leipzig)*.

21. März

Moritz von Sachsen wurde am 21. März 1521 in Freiberg geboren und unter anderem von Herzog Georg dem Bärtigen katholisch erzogen. Als sein Vater, Herzog Heinrich der Fromme, 1536 evangelisch wurde, sollte auch Moritz in diesem Sinne erzogen werden, nicht zuletzt von seinem 18 Jahre älteren Vetter Johann Friedrich I., den er allerdings hasste. Seit 1541 Herzog von Sachsen, kämpfte er, obwohl Protestant, im Schmalkaldischen Krieg auf Seiten des Kaisers. Sein Ziel war die Erlangung der Kurwürde, die Johann Friedrich I. nach seiner Niederlage in der Schlacht von Mühlberg verlor und mit der nun Moritz vom Kaiser belehnt wurde. Wegen dieses Verrats wurde der neue Kurfürst Moritz von Sachsen auch „Judas von Meißen“ genannt.

22. März

Albrecht Dürer versetzt den „verlorenen Sohn" aus dem Gleichnis des Neuen Testaments (Lukas 15,11–32) in ein halb verfallenes, menschenleeres, trostloses Bauerngehöft mit Schuppen, Scheunen und Ställen, wie es vielleicht in den Randbezirken seiner Heimatstadt Nürnberg zu finden war. Dargestellt ist der junge Mann inmitten von Schweinen an deren Fresstrog kniend, also am Tiefpunkt seiner Existenz. Aber er hat die Hände gefaltet und sein Blick ist auf die Kirche in der rechten oberen Bildecke gerichtet, die vielleicht ein Sinnbild für das „Vaterhaus" ist. Der verlorene Sohn hat sich entschlossen, zum Vater zurückzukehren und ihn um Vergebung zu bitten.

23. März

Ab Frühjahr 1497 (vielleicht auch schon 1496) besuchte Martin Luther in Magdeburg die Domschule und lebte bei den „Brüdern vom gemeinsamen Leben“, die in Magdeburg „Nullbrüder“ genannt wurden. Dies war eine religiöse Gruppe, die ohne Mönchsgelübde, aber in klosterähnlicher Gemeinschaft zusammenlebte und die von einer Frömmigkeitsbewegung aus den Niederlanden inspiriert war *(Bild: Magdeburger Dom)*.

24. März

Das Spielzeugunternehmen Playmobil hatte im Vorfeld des Reformationsjubiläums 2017 die erfolgreiche Geschäftsidee, Martin Luther als Sonderfigur in sein Programm aufzunehmen. Das 7,5 cm große Plastikmännchen im schwarzen Gewand mit Barett auf dem Kopf hält in der einen Hand eine Feder und in der anderen die Bibel mit der Inschrift: „Bücher des Alten Testaments. Das Neue Testament übersetzt von Doktor Martin Luther." Natürlich sind auch andere Firmen dabei, sich Marktanteile zum Reformationsjubiläum zu sichern, so gibt es zum Beispiel diverse „Luther-Biere" und als Kleingebäck „Luther-Brot".

25. März

Der am 25. März 1528 in Waiblingen geborene Jakob Andreae studierte in Tübingen, war dann Diakon in Stuttgart und Tübingen und wurde 1553 zum Dr. theol. promoviert. Als Generalsuperintendent von Göppingen trieb er die Reformation in vielen Territorien voran, seine eigentliche Lebensaufgabe aber bestand in der Einigung des inzwischen zerstrittenen Luthertums. Dem kam er ab 1562 als Theologieprofessor, Propst und Kanzler der Universität in Tübingen nach. Er war auch 1563 bei der Einführung der Reformation in Braunschweig behilflich und stand von 1576 bis 1580 in sächsischen Diensten, um die kursächsische Kirche zu stabilisieren. Seine Einigungsbestrebungen flossen in die Konkordienformel von 1577 ein. Nach Tübingen zurückgekehrt, starb er dort am 7. Januar 1590.

26. März

Schloss Hartenfels in Torgau ist das größte vollständig erhaltene Schloss der Frührenaissance in Deutschland. Es wurde 1482 begonnen und unter Kurfürst Friedrich dem Weisen von Sachsen und seinen Nachfolgern zur neuen Hauptresidenz der Ernestiner ausgebaut. Das Bild zeigt den Hof der Vierflügelanlage mit dem Großen Wendelstein, einer spindellosen, freitragenden, fast 20 m hohen Treppenanlage, die zusammen mit dem Südostflügel von 1533 bis 1536 unter dem Baumeister Konrad Krebs errichtet wurde.

27. März

An der Alten Superintendentur von Torgau in der Wintergrüne 2 *(Bild)* erinnert eine Gedenktafel an ein wichtiges Datum der Reformationsgeschichte: „In diesem Haus wurden im März 1530 von Luther, Melanchthon, Jonas und Bugenhagen die Torgauer Artikel, die Grundlage des Augsburger Bekenntnisses, zur Überreichung an den Kurfürsten Johann den Beständigen zum Abschluß gebracht. Gewidmet vom Bürgerverein 10. Nov. 1883." Demnach bildete die hier verfasste Darlegung der reformatorischen Lehre, deren Wortlaut bis heute nicht ganz zweifelsfrei rekonstruiert werden konnte, eine wichtige Grundlage der sog. Confessio Augustana, des vielleicht bedeutendsten Bekenntnisses der evangelisch-lutherischen Kirchen.

28. März

Gegen Ende seines Lebens schuf Albrecht Dürer nochmals ein überragendes Werk. Es zeigt vier große Gottesmänner auf zwei Tafeln. Dürer vermachte es 1526 der Stadt Nürnberg, „zue seyner gedechtnus" und zur ernsten Mahnung in bewegten Zeiten. Dargestellt sind auf einer Tafel Johannes und Petrus, auf der anderen Markus und Paulus. Der Titel „Die vier Apostel" ist nicht ganz korrekt, denn der Evangelist Markus ist ein Apostelschüler. Schon bald hat man in ihnen auch die Verkörperung der vier Temperamente gesehen: Johannes als Sanguiniker, Petrus als Phlegmatiker, Markus als Choleriker und Paulus als Melancholiker.

29. März

Bei der Vorbereitung auf den 500. Geburtstag Martin Luthers 1983 entdeckte man den vermauerten Zugang *(Bild)* zu einem kleinen Turm der Wittenberger Stadtmauer, der sich früher an der Südwestecke des heutigen Lutherhauses befand. Diesen Turm hielt man seit dem 19. Jh. für den Ort von Luthers Studierzimmer, des „stüblin", in dem er nach langem Nachdenken zu den grundlegenden theologischen Einsichten über die Gerechtigkeit Gottes kam.

30. März

An der Südseite des Lutherhauses legte man 2004 das Untergeschoss eines Anbaus von 1515/16 frei. Dessen obere Geschosse waren um 1850 abgerissen worden, doch vermutet man neuerdings eher in ihnen als in dem kleinen Turm der Stadtmauer den Ort von Luthers Arbeitszimmer und damit auch den des berühmten „Turmerlebnisses".

31. März

Der am 13. November 1504 in Marburg geborene Philipp wurde bereits 1518 Landgraf von Hessen. Ab 1524 bekannte er sich zur Reformation und wurde einer ihrer wichtigsten Führer. Er war an der Niederschlagung des Bauernkrieges 1525 in Hessen und Thüringen beteiligt, bemühte sich danach aber um eine Verbesserung der Lebensverhältnisse der Bauern. 1527 gründete Philipp die Universität Marburg. Als Mitbegründer des Schmalkaldischen Bundes, eines Zusammenschlusses protestantischer Fürsten und Städte, belastete er diesen durch eine 1540 geschlossene Zweitehe. Infolge der Niederlage im Schmalkaldischen Krieg 1547 war er für fünf Jahre Gefangener des Kaisers. Nach seiner Freilassung widmete Philipp sich der Einigung der protestantischen Parteien. Er starb am 31. März 1567 in Kassel.

1. April

Das Motiv „Christus und die Ehebrecherin" (Johannes 8,1–11) wurde von der Cranach-Werkstatt gerne zur Verbildlichung der reformatorischen Auffassung von Gesetz und Gnade eingesetzt. Neben Jesus steht die junge Frau, deren Brust halb entblößt ist: die „Ehebrecherin". Jesus hat ihre Hand ergriffen und spricht zu den umstehenden, finster dreinschauenden Männern. Diese sind zum Teil leicht karikierend dargestellt, so besonders ein eifernder Mann vorne links, der eine Mütze voller Steine vorweist und einen weiteren Stein in seiner rechten Hand hält. Er stellt den direkten Bezugspunkt zu Jesu Wort (Vers 7) dar, das am oberen Bildrand als Inschrift zu lesen ist: „Wer unter euch ohne Sünde ist, der werfe den ersten Stein auf sie."

2. April

Um 1487 in Erfurt geboren, studierte Johannes Lang ab 1500 an der dortigen Universität und hatte Kontakt zu Humanistenkreisen. 1506 trat er in das Augustiner-Eremitenkloster ein und lernte dort Martin Luther kennen. Er folgte ihm 1511 nach Wittenberg und erhielt dort die Lektur für Moralphilosophie. 1516 wurde Lang von Luther in das Erfurter Augustinerkloster als Prior eingeführt. Er begleitete ihn 1518 zur Heidelberger und 1519 zur Leipziger Disputation und wurde im gleichen Jahr zum Dr. theol. promoviert. Johannes Lang verließ das Kloster 1522, heiratete 1524 und wirkte als Reformator Erfurts. Dabei hatte er mit großen Schwierigkeiten seitens der Altgläubigen zu kämpfen. Er starb am 2. April 1548 in Erfurt. Sein Grabstein *(Bild)* wurde 2014 wiederentdeckt.

3. April

Der Kreuzgang des Augustinerklosters Erfurt *(Bild)* war und ist ein Ort der Stille und Meditation. Zugleich dient er der Erschließung des Zugangs zu wichtigen Räumen des Klosters, wie der Kirche oder dem Kapitelsaal. Martin Luther lebte in diesem Kloster von 1505 bis 1512 als Mönch.

4. April

Der Dom St. Marien bildet zusammen mit der benachbarten Kirche St. Severi gleichsam die Stadtkrone und das Wahrzeichen von Erfurt. Da der Domberg nach Osten hin abfällt, mussten für den Neubau des Chores *(Bild)* Mitte des 14. Jh. mehrgeschossige steinerne Unterbauten (sog. Kavaten) errichtet werden. Am 3. April 1507 wurde Martin Luther in einer Kreuzgangkapelle des Erfurter Doms durch den Mainzer Weihbischof Johann Bonemilch von Laasphe zum Priester geweiht, nachdem er zwei Jahre zuvor in den Orden der Augustiner-Eremiten eingetreten war.

5. April

In der Mitte seines Lebens, im Jahr 1500, stellte sich Dürer in einem Idealporträt dar, das in Aufbau, Symmetrie und Frontalität an das Schema alter Christusikonen erinnert. Man mag das als hochmütig ansehen, man kann es aber auch als Ausdruck der Nachfolge Christi verstehen, als Verbildlichung des Bestrebens, in seinem Lebensvollzug Christus immer ähnlicher zu werden. Bei allem äußeren Erfolg war Dürer gegen Ende seines Lebens ein Leidender und hat sich als tief gläubiger Mensch mit dem Leiden Christi identifiziert. Er starb überraschend am 6. April 1528 in Nürnberg.

6. April

Als Geburtstag Raffaels (Raffaelo Santi) nimmt man den 6. April 1483 an. Nach einer Lehrzeit bei seinem Vater in Urbino und bei Perugino in Perugia verbrachte er einige Jahre in Florenz und war dort als Maler sehr gefragt. Im Jahr 1508 wurde er nach Rom berufen und erhielt dort den Auftrag von Papst Julius II., die päpstlichen Gemächer (Stanzen) auszumalen. Die zwischen 1508 und 1517 entstandenen Fresken gelten als Meisterwerke der Hochrenaissance. Daneben schuf Raffael zahlreiche Porträts und Madonnenbilder. Von Papst Leo X. wurde er 1514 zum Architekten und Bauleiter der neuen Peterskirche ernannt, doch starb er mit nur 37 Jahren am 6. April 1520 *(Bild: Selbstporträt)*.

7. April

Die Flucht der Katharina von Bora zusammen mit elf weiteren Nonnen aus dem Kloster Nimbschen *(Bild)* wurde durch den Torgauer Ratsmann Leonhard Koppe ermöglicht. Dieser lieferte als Großhändler unter anderem Heringe und Stockfische als Fastenspeise an das Kloster. In der Nacht von Ostersamstag auf Ostersonntag (6./7.April 1523) hat er die Nonnen wohl auf seinem Planwagen aus dem Kloster geschleust. Ungefährlich war dieses Unternehmen nicht, denn auf die Entführung von Nonnen stand nach damaligem kirchlichem wie weltlichem Recht die Todesstrafe. Am 8. April trafen neun der Nonnen in Wittenberg ein, was unter der Bevölkerung für einiges Aufsehen sorgte. Katharina sollte später Luthers Ehefrau werden.

8. April

Erstmals um 1180 urkundlich erwähnt, erhielt Wittenberg 1293 das Stadtrecht. Als Friedrich III. von Sachsen 1486 die Kurwürde übernahm, erhob er die Stadt zur Residenz. Am Ort der alten Askanierburg ließ er sein neues Residenzschloss und die Stiftskirche Allerheiligen (Schlosskirche) errichten. Beides ist links auf der kolorierten Zeichnung (1536) aus dem Reisealbum des Pfalzgrafen Ottheinrich zu sehen, in der Mitte die Stadtkirche St. Marien und rechts die Gebäude der 1502 von Friedrich gegründeten Universität sowie das ehemalige Augustinerkloster. Mit knapp 3000 Einwohnern war Wittenberg damals eine mittlere Stadt.

9. April

Der finnische Reformator Michael Agricola wurde um 1509 als Sohn wohlhabender Bauern in Pernaja geboren. Ursprünglich hieß er Olavinpoika, später nannte er sich stolz Agricola (lat. „Bauer"). Er wuchs zweisprachig (Schwedisch und Finnisch) auf und war sehr sprachbegabt. Schon beim Besuch der Lateinschule in Wiborg kam er mit reformatorischem Gedankengut in Berührung. 1528 wurde er Schreiber des Bischofs von Turku, Martin Skytte. Dieser schickte Agricola 1536 zum Studium nach Wittenberg, wo er Vorlesungen von Luther und Melanchthon hörte.

10. April

Nach seiner Rückkehr aus Wittenberg wurde Agricola Rektor der Domschule in Turku und erhielt später eine leitende Stellung im Domkapitel. Vier Jahre nach dem Tod des Bischofs (1550) wurde er vom schwedischen König Gustav I. Wasa als dessen Nachfolger berufen. Konsequenter als sein Vorgänger engagierte er sich für die Reformation. Im Krieg zwischen Schweden und Russland war er als Diplomat an den Friedensverhandlungen in Moskau beteiligt, starb aber auf der Rückreise am 9. April 1557 in Uusikirkko. Er wurde in der Domkirche von Wiborg begraben. Agricola gilt als Vater der finnischen Schriftsprache. Er übersetzte das Neue Testament sowie Teile des Alten Testaments und schuf ein Gebetbuch mit 695 Gebeten.

11. April

„Die Gesandten" von Hans Holbein d.J. ist eines seiner großartigsten Gemälde. Es stellt zwei französische Gesandte am Hof Heinrichs VIII. von England dar, links Jean de Dinteville und rechts Georges de Selve, der bereits im Alter von 17 Jahren Bischof war. Das Doppelporträt weist eine Fülle von Instrumenten, Gerätschaften und anderen Details auf, die nach einer neueren Deutung fast alle auf ein Datum hinweisen: Karfreitag, 11. April 1533, zwischen drei und vier Uhr nachmittags, also zur Todesstunde Jesu. Irritierend sind das aufgeschlagene evangelische (!) Gesangbuch von Johann Walter zwischen den beiden Katholiken und die optische Verzerrung eines Totenschädels darunter.

12. April

Albrecht Dürer zeichnete Kaspar Sturm im Herbst 1520, als dieser in Aachen zum Reichsherold ernannt worden war. 1475 in Oppenheim geboren, hatte er vermutlich in Heidelberg studiert und arbeitete später in der Kurmainzer Kanzlei. Hier stand er in Diensten Kardinal Albrechts von Brandenburg, des Erzbischofs von Mainz und Gegenspielers Luthers. Als Reichsherold wurde er 1521 beauftragt, das freie Geleit für Martin Luther von Wittenberg zum Reichstag nach Worms und zurück zu garantieren. Offensichtlich hegte Sturm Sympathien für Luther und unterstützte ihn. Von seinem Amt als Reichsherold 1541 entbunden, verbrachte er seine letzten Lebensjahre in Nürnberg und starb dort am 4. Juni 1552.

13. April

Das im Auftrag der Brüder vom gemeinsamen Leben um 1519 geschaffene ehemalige Hochaltar-Retabel der Stiftskirche in Herrenberg zeichnet sich durch eine sehr expressive Malweise aus. Im Vordergrund stehen die Hauptszenen, während sich die verkleinerten Nebenszenen im Hintergrund der Tafeln finden. Links ist das letzte Abendmahl zu sehen, es folgt die sehr drastische Schilderung der Geißelung, Dornenkrönung und Verspottung Christi mit dem Verhör durch Pilatus. Die beiden andern Tafeln zeigen die Kreuzigung mit Kreuztragung und Grablegung und eine ungewöhnliche Darstellung der Auferstehung Christi vor dem versiegelten Felsengrab. Der Künstler Jörg Ratgeb (geb. um 1480) wurde wegen seines Einsatzes im Bauernkrieg angeklagt und 1526 grausam hingerichtet.

14. April

Matthias Grünewalds „Christus am Kreuz zwischen Maria und Johannes“ (1523/24) ähnelt sehr der Kreuzigungsdarstellung im Hauptwerk des Künstlers, dem Isenheimer Altar. Vor einem schwärzlichen Himmel und einer nur angedeuteten Hintergrundlandschaft füllt die Gestalt des Gekreuzigten zusammen mit Maria und Johannes den Bildraum ganz aus. Der schwere, geschwollene Leib Christi hängt an dem sich durchbiegenden Balken, das dornengekrönte Haupt ist herabgesunken, die Finger gespreizt und die Füße wie ineinander verklumpt. Ein zerrissener Lendenschurz steigert noch expressiv den unerträglichen Anblick des Leidens und des Todes. Das Bild bietet keinen Trost, sondern fordert auf, in dieser grausamen Realität die Größe der Erlösungstat Christi zu erkennen.

15. April

Leonardo da Vinci wurde am 15. April 1452 bei Vinci in der Toskana geboren, erhielt seine Ausbildung in Malerei in Florenz und war hier bis ca. 1476 tätig. Anschließend trat er in die Dienste des Herzogs von Mailand, Ludovico Sforza. Nach dessen Sturz (1499) hielt sich Leonardo u.a. in Mantua, Venedig und Florenz auf, bevor er 1513 nach Rom ging und schließlich 1516 der Einladung König Franz I. nach Frankreich folgte. Dort starb er am 2. Mai 1519. Leonardo war nicht nur Maler, Bildhauer und Architekt, sondern auch Kunsttheoretiker, Naturphilosoph, Anatom, Ingenieur und Erfinder. Er hinterließ umfangreiche Aufzeichnungen, während die Zahl der erhaltenen Kunstwerke von ihm nicht sehr groß ist *(Bild: vermutliches Selbstporträt)*.

16. April

Am 16. April 1525, einem Ostersonntag, stürmten aufständische Bauern die Burg und Stadt Weinsberg, weil sich dort der bei ihnen verhasste Graf von Helfenstein mit nur wenigen Soldaten aufhielt. Bei der Eroberung von Burg und Stadt wurden der Graf und 16 Adlige gefangen genommen und zum Tode verurteilt. Man ließ sie vor den Toren der Stadt durch die Spieße laufen *(Bild)*, eine Hinrichtungsart, die sonst bei Landsknechten angewandt wurde. Mit großer Brutalität rächte der Adel später diese Tat, die als Weinsberger Blut-Ostern bekannt wurde. Sie war für Luther, der den Bauern im Bauernkrieg anfänglich mit Sympathie begegnet war, ein Grund, sich von ihnen abzuwenden und sich auf die Seite der Fürsten zu stellen.

17. April

Die Reise Luthers zum Reichstag nach Worms glich einem Triumphzug. Überall wurde er stürmisch gefeiert, so auch bei seiner Ankunft in Worms am 16. April 1521. Am Abend des folgenden Tages trat er dort das erste Mal „vor Kaiser und Reich“. Dabei ging es relativ formell zu. Luther wurden seine Schriften vorgelegt, und er wurde gefragt, ob sie von ihm stammten, was er bejahte. Dann fragte man ihn, ob er bereit sei, deren Inhalt ganz oder teilweise zu widerrufen. Luther bat um eine Bedenkzeit, weil die Sache so schwierig sei und das Wort Gottes betreffe. Daraufhin wurde die Sitzung für einen Tag unterbrochen.

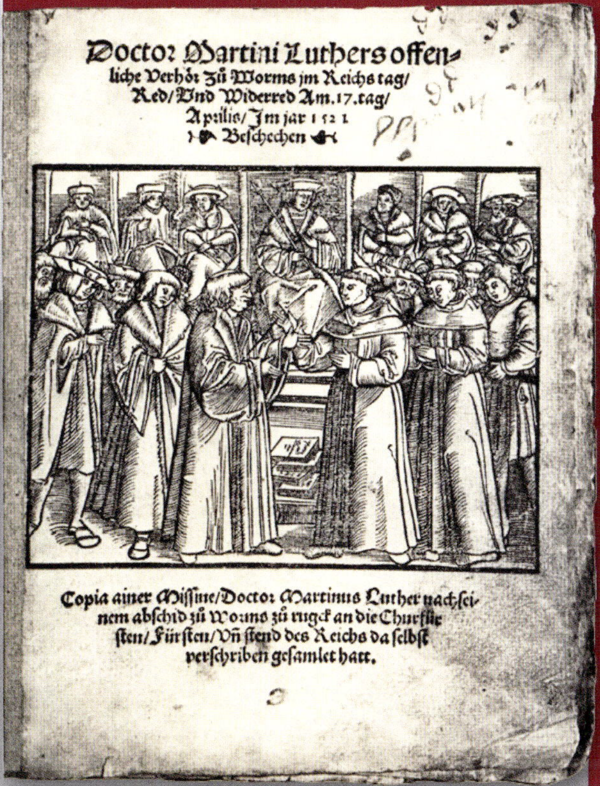
Doctor Martini Luthers offenliche Verhör zů Worms im Reichs tag/ Red/ Und Widerred Am. 17. tag/ Aprilis/ Im jar 1521 Beschechen

Copia ainer Missiue/ Doctor Martinus Luther nach seinem abschid zů Worms zů ruck an die Churfürsten/ Fürsten/ Un stend des Reichs da selbst verschriben gesamlet hatt.

18. April

Am 18. April 1521 erneut zum Widerruf aufgefordert, gab Luther die berühmte Antwort: „Weil Eure geheiligte Majestät und Eure Herrschaften es verlangen, will ich eine schlichte Antwort geben, die weder Hörner noch Zähne hat: Wenn ich nicht durch das Zeugnis der Heiligen Schrift oder vernünftige Gründe überwunden werde – denn weder dem Papst noch den Konzilien allein vermag ich zu glauben, da es feststeht, dass sie wiederholt geirrt und sich selbst widersprochen haben –, so halte ich mich überwunden durch die Schriften, die ich angeführt habe, und mein Gewissen ist durch Gottes Wort gefangen. Und darum kann und will ich nichts widerrufen, weil gegen das Gewissen zu handeln weder sicher noch lauter ist. Gott helfe mir. Amen."

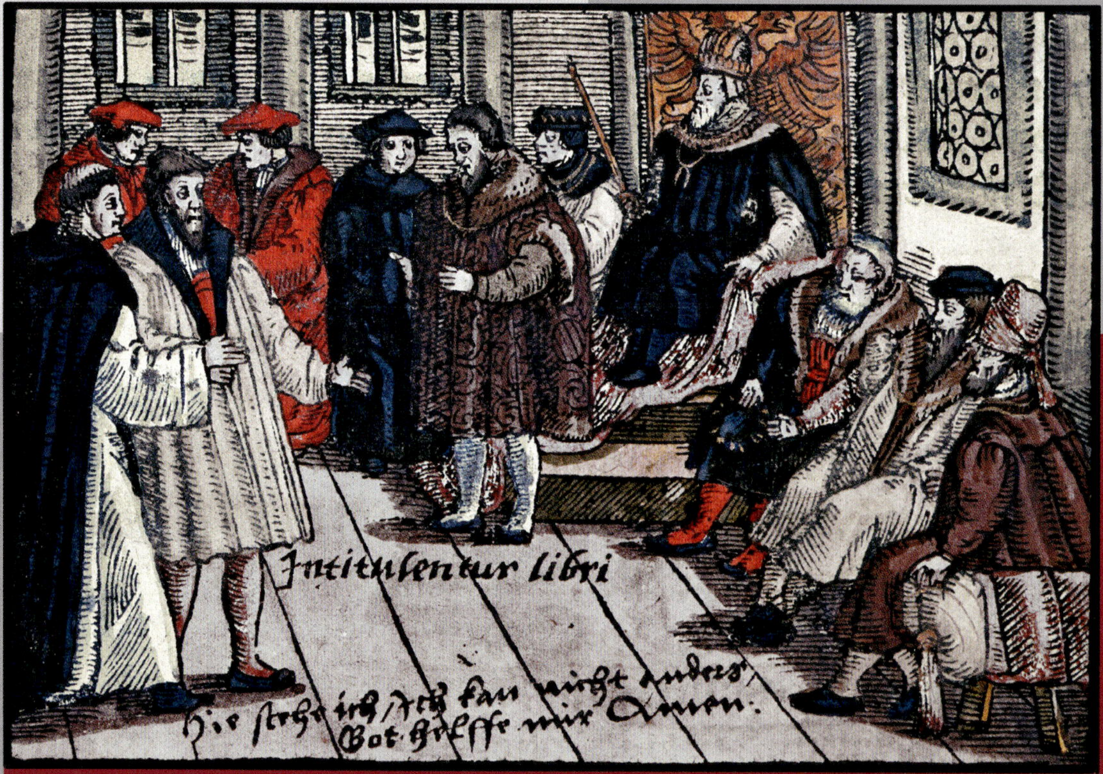

19. April

Melanchthons vielfältiges Wirken für die Reformation, seine Beteiligung an Religionsgesprächen und seine Arbeit als Autor und Universitätslehrer forderten dem zarten, kränkelnden Mann eine unglaubliche Arbeitsleistung ab. Nach dem Tod seiner Frau am 11. Oktober 1557 verschlechterte sich sein Gesundheitszustand zunehmend. Die letzten öffentlichen Vorlesungen und Ansprachen hielt er am 11. und 12. April 1560. Wenige Tage darauf, am 19. April 1560, verstarb Philipp Melanchthon in Wittenberg. Er wurde an der Seite Martin Luthers in der Schlosskirche beigesetzt. Mit Recht nannte man ihn „Praeceptor Germaniae“ (Lehrer Deutschlands).

20. April

Auf dem Reichstag zu Speyer 1529 wurde Kaiser Karl V. durch seinen Bruder Ferdinand vertreten. Dieser sollte durchsetzen, dass die moderateren Beschlüsse des vorangegangen Reichstages von 1526 zurückgenommen und das gegen Luther gerichtete Wormser Edikt von 1521 wieder strikt in Kraft gesetzt würde. Die reformatorisch gesinnten Reichsstände ließen daraufhin am 20. April 1529 eine testschrift überreichen, die die fünf wichtig evangelischen Fürsten unterschrieben hatten die hauptsächlich von dem kursächsischen Ka Gregor von Brück verfasst worden war. Die zeichnung „Protestanten" hat in diesem Spe Protest ihren Ursprung.

21. April

Ulrich von Hutten wurde am 21. April 1488 auf Burg Steckelberg geboren und studierte ab 1505 in Erfurt, Köln, Frankfurt/Oder, Leipzig und Greifswald. Über Wien reiste er 1511 nach Italien, wo er in Bologna Recht studierte. Er wurde zunächst vor allem als lateinischer Dichter bekannt und am 12. Juli 1517 von Kaiser Maximilian I. mit der Dichterkrone ausgezeichnet. Bald darauf trat er in die Dienste des Erzbischofs von Mainz, Albrecht von Brandenburg, kritisierte aber zunehmend die römische Kurie und wünschte sich eine starke kaiserliche Zentralgewalt. Eine Flut von nun deutschen Veröffentlichungen fand auch im Volk breiten Widerhall.

22. April

Um 1498/99 in Kronstadt (Siebenbürgen) geboren, kam Johannes Honterus 1529/30 über Regensburg, Krakau, Nürnberg und Augsburg nach Basel, wo er u.a. Johannes Oekolampad kennenlernte, den Reformator Basels. Umfassend humanistisch gebildet, kehrte Honterus 1533 nach Kronstadt zurück, wirkte dort als Pädagoge und wurde in den Stadtrat gewählt. Eine eigene Druckerei ermöglichte ihm ab 1539 die Verbreitung seiner Schulbücher. In den folgenden Jahren setzte sich Honterus zunehmend für die Reformation ein und wurde dort am 22. April 1544 Stadtpfarrer. Danach schlossen sich auch andere siebenbürgische Städte der neuen Bewegung an, sodass die Reformation der Siebenbürger Sachsen bald nach Honterus' Tod am 23. Januar 1549 zum Abschluss kam.

23. April

Die heute noch sehr gut erhaltene Veste Coburg, gegründet im frühen 13. Jh., kam 1353 durch Erbschaft an das Haus Wettin und lag im südwestlichsten Zipfel des kursächsischen Gebietes. Vom 24. April bis zum 5. Oktober 1530 hielt sich Martin Luther während der Verhandlungen des Reichstags zu Augsburg hier auf, da er als Geächteter Kursachsen nicht verlassen und daher nicht nach Augsburg kommen konnte.

24. April

1546 wollte Kaiser Karl V. mit einem Feldzug gegen den Schmalkaldischen Bund die Macht der protestantischen Reichsstände zurückdrängen. Im „Schmalkaldischen Krieg" konnte der Kaiser bis zum Spätherbst in Süddeutschland die Oberhand gewinnen. Die Streitmacht des Bundes war durch den Verrat des Herzogs Moritz von Sachsen geschwächt, so zog sich Kurfürst Johann Friedrich mit seinen Truppen hinter die Elbe zurück. Dort wurde das unterlegene protestantische Heer am 24. April 1547 bei Mühlberg vernichtend geschlagen. Kurfürst Johann Friedrich und später auch Landgraf Philipp von Hessen wurden gefangen genommen. Damit war das Ende des Schmalkaldischen Bundes besiegelt. Tizian malte ein Jahr später den siegreichen Kaiser.

25. April

Luther hat mehrfach in der St.-Blasii-Kirche in Nordhausen *(Bild)* gepredigt. „Ich weiß keine Stadt am Harze oder sonst, welche sich dem Evangelio so bald unterworfen als die Stadt Nordhausen, dass wird sie vor Gott und allen anderen in jenem Leben Ehre haben." So zunächst Luthers Lob über die Stadt. Als er jedoch dort im April 1525 die aufständischen Bauern zur Geduld und Mäßigung mahnte, wurde er von einigen verhöhnt und es wurde in die Predigt hinein mit Schellen geklingelt. Nach seinen Aussagen hat nicht viel gefehlt und es wäre zu Handgreiflichkeiten gekommen. So brach Luther seine Reise durch das thüringische Gebiet der Aufständischen ab.

26. April

Luthers 95 Ablassthesen hatten einen Sturm ausgelöst, woraufhin er wohl u.a. vom Ablassprediger Johann Tetzel in Rom angezeigt wurde. Dort meinte man, die Angelegenheit müsse innerhalb des Augustiner-Eremitenordens geklärt werden. Dies sollte beim Generalkapitel am 25. und 26. April 1518 in Heidelberg geschehen. Luther erhielt die Möglichkeit einer öffentlichen Disputation seiner Thesen. Er entwickelte in Heidelberg darüber hinaus jedoch weitergehende Grundgedanken einer neuen Theologie. Bei den beteiligten Professoren stieß er auf Ablehnung. Demgegenüber waren viele Studenten und Magister von seinen Ansichten fasziniert, und manche wurden später selbst engagierte Reformatoren, wie Martin Bucer und Johannes Brenz *(Bild: Merianstich von Heidelberg, 1620).*

27. April

Martin Bucer stammte aus Schlettstadt/Sélestat im Elsass, wo er am 11. November 1491 geboren wurde. Nach dem Besuch der Lateinschule trat er 1507 in das dortige Dominikanerkloster ein. Später studierte er in Mainz und Heidelberg, wo er am 27. April 1518 ein ausführliches Gespräch mit Martin Luther hatte. Bucer war von diesem tief beeindruckt, schied später aus dem Dominikanerorden aus und wurde Priester. 1522 heiratete er die ehemalige Nonne Elisabeth Silbereisen und zog mit ihr nach Weißenburg im Elsass *(Bild: St. Jean in Weißenburg)*. Hier begann seine reformatorische Laufbahn. Deswegen wurde er vom Speyerer Bischof exkommuniziert und von Papst Hadrian VI. gebannt.

28. April

Im Mai 1523 suchte Martin Bucer mit seiner Familie Asyl in der freien Reichsstadt Straßburg. Dort wurde er 1524 zum Pfarrer gewählt und wirkte in der Folgezeit mehr als 25 Jahre lang für die Reformation Straßburgs und des gesamten südwestdeutschen Raumes. Er war ein Mann des Ausgleichs, arbeite 1536 an der Wittenberger Konkordie mit und pflegte weitreichende internationale Verbindungen. Manchen gilt er als „dritter deutscher Reformator" nach Martin Luther und Philipp Melanchthon. Nach dem Pesttod seiner ersten Frau heiratete er 1542 Wilbrandis Rosenblatt, die Witwe seiner Mitstreiter Wolfgang Capito und Johannes Oekolampad.

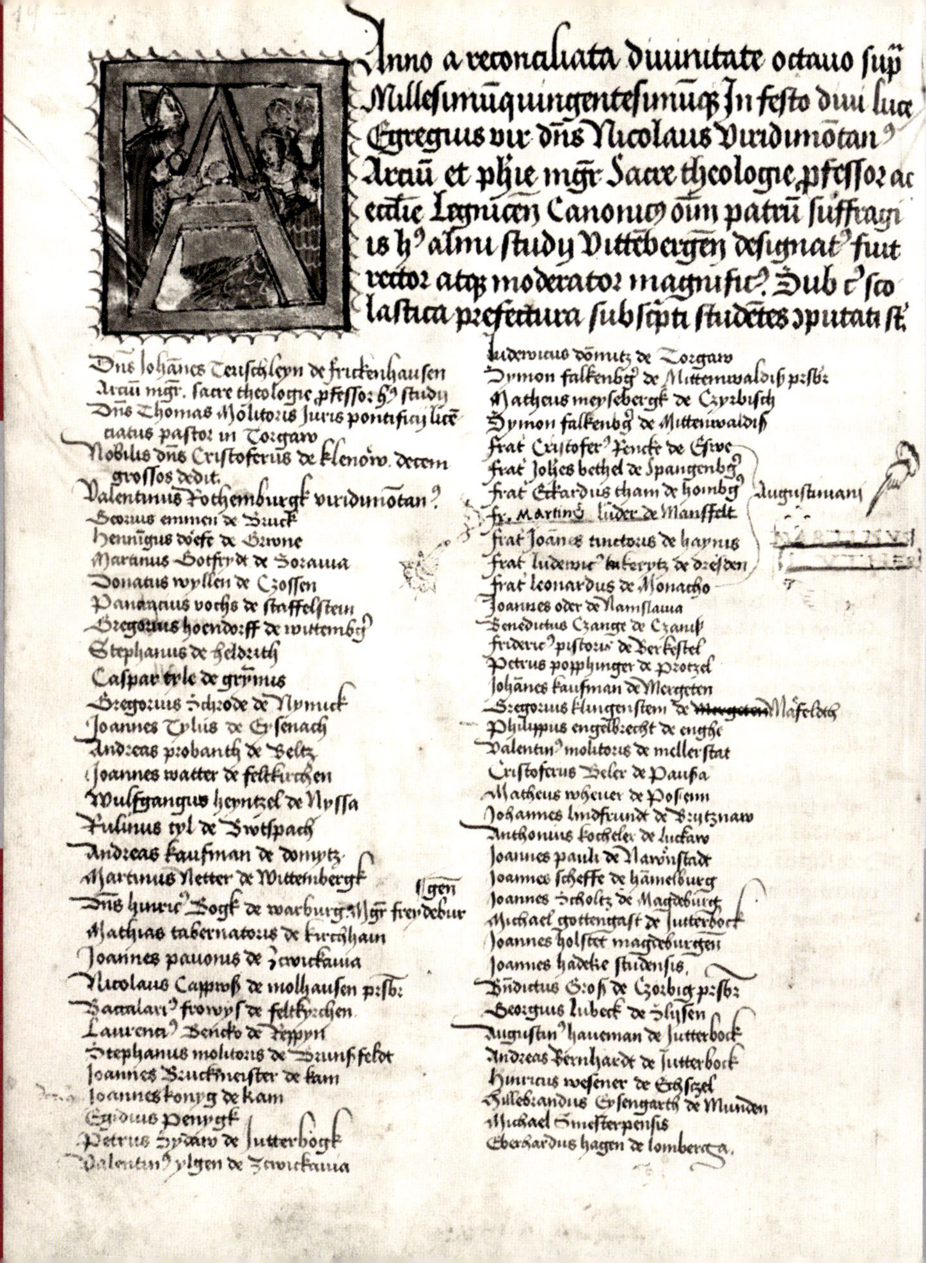

Anno a reconciliata diuinitate octauo sup
Millesimūquingentesimūqz In festo diui luce
Egregius vir dn̄s Nicolaus Viridimōtan⁹
Artiū et phie mgr̄ Sacre theologie pfesso: ac
eccl̄ie Legnicen Canonic⁹ oīm patrū suffragi
is h⁹ almi study Vittebergen designat⁹ fuit
rector atqz moderato: magnific⁹. Sub c⁹ sco
lastica prefectura subscripti studētes ɔputati st̄.

29. April

Nach Ende der Eisenacher Schulzeit schrieb sich Martin Luther an der Erfurter Universität als Student der artistischen Fakultät ein. Das im Erfurter Stadtarchiv befindliche alte Matrikelbuch weist den Eintrag von Ende April 1501 auf: „Martin Luder ex Mansfeldt“. Seinen Familiennamen Luder änderte er erst 1517 zu der bekannten Form „Luther“.

30. April

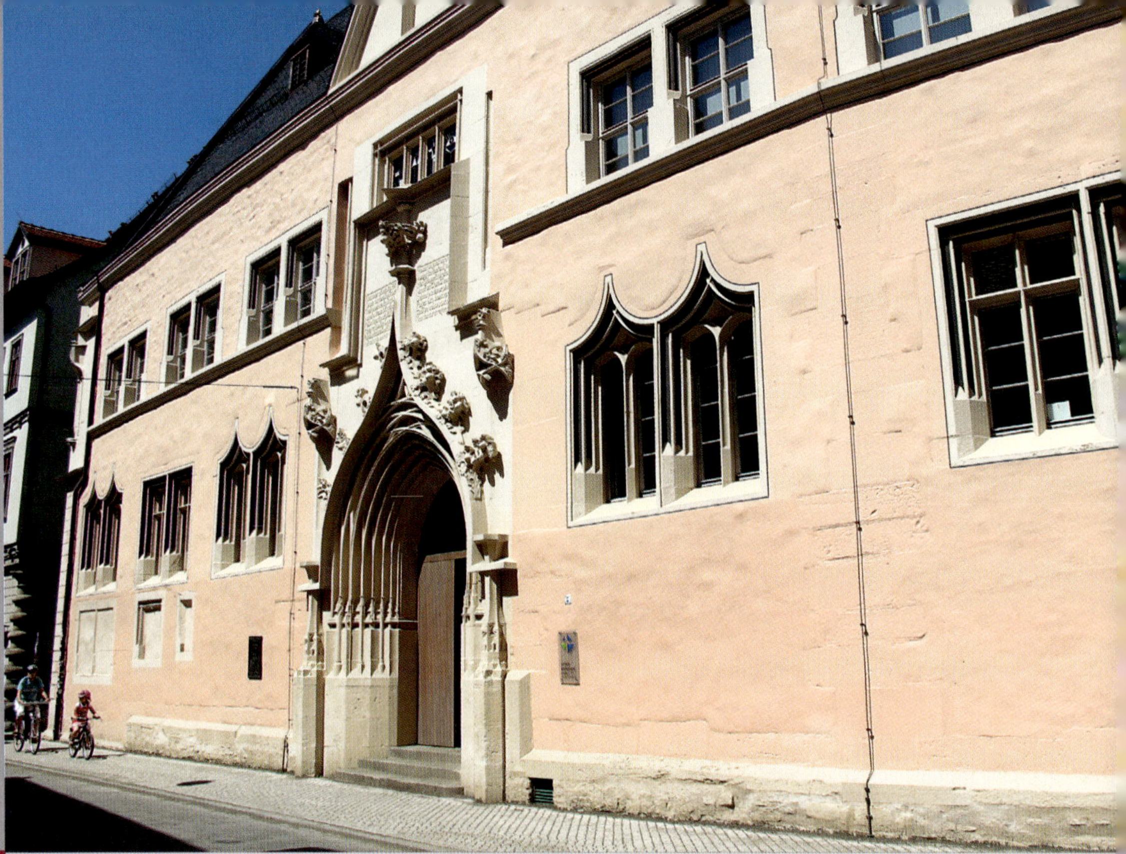

Die Erfurter Universität war bereits 1392 gegründet worden und bestand bis 1816. Das Hauptgebäude, Collegium Maius genannt, wurde Anfang des 16. Jh. an der Stelle eines Vorgängerbaus errichtet. Es war zugleich Sitz der Philosophischen Fakultät. Im Zweiten Weltkrieg durch einen Bombenangriff völlig zerstört, erfolgte ab 1999 der Wiederaufbau. Das Gebäude wird heute von der Evangelischen Kirche in Mitteldeutschland als Landeskirchenamt genutzt.

1. Mai

Walpurga Bugenhagen wurde am 1. Mai 1500 in Torgau geboren und heiratete 1522 den 15 Jahre älteren Johannes Bugenhagen, einen wichtigen Weggefährten Martin Luthers. Ungewöhnlich an ihrer Ehe für die damalige Zeit war, dass sie ihren Mann ab 1528 während zahlreicher Auswärtseinsätze zur kirchlichen Neuordnung begleitete und unterstützte. Somit war sie mit der ganzen Familie oft monatelang, in einem Fall sogar zwei Jahre lang von Wittenberg abwesend. Auf dem von Lucas Cranach d.J. 1560 für Johannes Bugenhagen gemalten Epitaph *(Bild)* ist Walpurga rechts außen zu sehen, außerdem ihr Mann sowie die fünf Söhne und vier Töchter. Sie starb am 28. Juli 1569 in Wittenberg.

2. Mai

Am 2. Mai 1507 hielt Martin Luther erstmals eigenverantwortlich eine Messe in der Kirche des Erfurter Augustinerklosters (Primiz). Sein Vater schickte zur Feier des Tages 20 Gulden für ein Festmahl. Auch kam er selbst und brachte noch zwanzig Personen mit. In der Erinnerung seines Sohnes war dieser Tag allerdings sehr angstbesetzt und er wäre beinahe vom Altar weggelaufen, hätte ihn sein Prior nicht zurückgehalten. Die wunderbaren Glasmalereien der Fenster hinter dem Altar hat Luther auch schon gesehen, denn sie wurden bereits zu Beginn des 14. Jh. geschaffen.

3. Mai

Vor dem Altar der Augustinerkirche befindet sich die Grabplatte von Johannes Zachariae. Dieser war ein Augustiner-Eremit und Theologe an der Erfurter Universität. Es heißt, er sei maßgeblich an der Verurteilung des tschechischen Reformators Jan Hus bei dem Konzil von Konstanz 1415 beteiligt gewesen. Zachariae starb am 26. Juli 1428 in Erfurt. Man kann es als Ironie der Geschichte ansehen, dass Luther bei Ablegung seines Mönchsgelübdes im Herbst 1506 mit ausgebreiteten Armen auf dieser Grabplatte gelegen habe.

4. Mai

Nachdem Luther am 26. April 1521 unter Zusicherung von 21 Tagen freiem Geleit die Rückreise vom Reichstag zu Worms angetreten hatte, wurde er nahe Schloss Altenstein oberhalb Steinbachs entführt und auf die Wartburg verbracht. Mit dieser geheimen Aktion wollte Kurfürst Friedrich der Weise Luthers Leib und Leben schützen. Letztlich stand Friedrichs Beichtvater und Berater Spalatin hinter der Aktion. Am mutmaßlichen Ort der Entführung wurde 1857 ein steinernes Denkmal eingeweiht, nachdem die zuvor als Erinnerungsort angesehene „Lutherbuche" 1841 durch einen Sturm zerstört worden war. In Erinnerung an sie wurde 1983 neben das Denkmal erneut eine Buche gepflanzt.

5. Mai

Kurfürst Friedrich III. von Sachsen verzichtete auf eine Kandidatur bei der Kaiserwahl 1519, bemühte sich aber um die Reichsreform und das Zurückdrängen der Machtansprüche des Papsttums. Auch aus diesem Grunde schützte und unterstützte er Luther, obwohl er selbst zeitlebens ein frommer Katholik blieb. Daher blieb er theologisch auf Distanz zur Reformation und soll Luther auch nie persönlich empfangen haben. Friedrich war hochgebildet und förderte die Wissenschaften und Künste. Er lehnte einen Krieg gegen die aufständischen Bauern ab; die großen Vernichtungsschlachten gegen sie fanden erst nach seinem Tode statt. Der Kurfürst starb am 5. Mai 1525 und wurde in der Schlosskirche zu Wittenberg beigesetzt *(Bild: Epitaph von Peter Vischer d. J.)*.

6. Mai

Im Krieg Karls V. gegen Frankreich und dessen Verbündete in Italien blieben nach seinem Sieg über Franz I. bei Pavia 1525 die Soldzahlungen an seine Landsknechte mehr und mehr aus, was am 16. März 1527 bei Bologna zu einer Revolte führte. Die Söldner machten Papst Clemens VII. für ihre Lage verantwortlich, zogen gegen Rom und eroberten die Stadt am 6. Mai 1527, wobei ihr Heerführer getötet wurde. Die führungslosen deutschen und spanischen Söldner plünderten, mordeten und brandschatzten in Rom nun wochenlang, was als „Sacco di Roma“ *(Historienbild von Johann Lingelbach, 17. Jh.)* in die Geschichte einging.

7. Mai

Der am 2. März 1481 auf der Ebernburg bei Bad Kreuznach geborene Reichsritter Franz von Sickingen gewann durch zahlreiche Fehden erhebliche Macht und trat nach seiner Ächtung 1515 vorübergehend in die Dienste des französischen Königs Franz I. Später unterstützte er die Kaiserwahl Karls V. und wurde dessen Feldhauptmann. 1519 gewann ihn Ulrich von Hutten für die Reformation. Seine Ebernburg wurde ein Zufluchtsort für viele Anhänger der neuen Lehre. Als Führer der oberrheinischen Ritterschaft versuchte er 1522, das Kurfürstentum und Erzbistum Trier zu erobern, die verbündeten Fürsten von Trier, Hessen und der Pfalz machten diesen Plan jedoch zunichte. Franz von Sickingen starb am 7. Mai 1523 an den Folgen einer Verwundung bei der Belagerung seiner Burg Nanstein.

8. Mai

Am 8. Mai 1521 erließ Kaiser Karl V. das sog. Wormser Edikt *(Bild)* und verhängte damit die Reichsacht über Martin Luther. Das war eine Folge des päpstlichen Banns vom 3. Januar 1521 und der Weigerung Luthers, seine Lehren vor dem Reichstag in Worms zu widerrufen. Er durfte nun von niemandem beherbergt werden, sondern sollte an Rom ausgeliefert werden. Besitz, Lektüre und Verbreitung seiner Schriften wurden verboten. Sein Landesherr, Kurfürst Friedrich der Weise, erkannte die Gültigkeit des Wormser Edikts nicht an, weil es erst nach Abreise der Mehrheit der Reichsstände am 26. Mai 1521 beschlossen und bekannt gegeben worden sei.

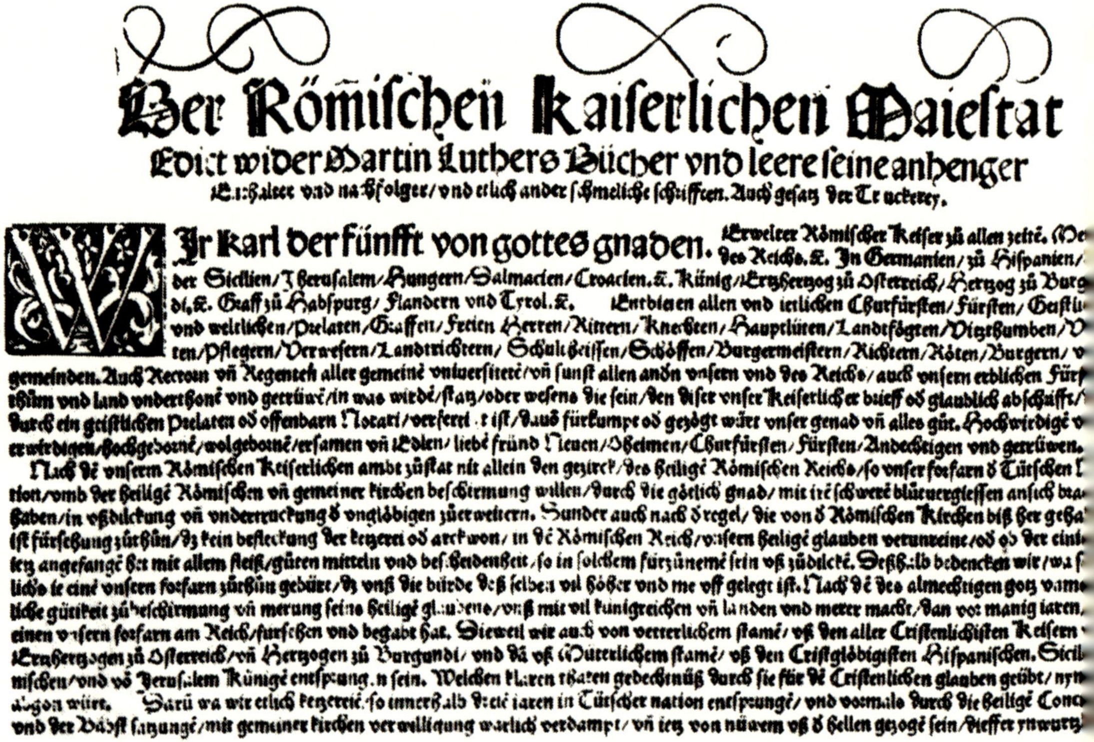
Der Römischen kaiserlichen Maiestat
Edict wider Martin Luthers Bücher vnd leere seine anhenger
Enthalter vnd nachfolger/vnd etlich ander schmeliche schrifften. Auch gesatz der Truckerey.

Wir Karl der fünfft von gottes gnaden. Erwelter Römischer Keiser zů allen zeitē. Me
des Reichs. &c. In Germanien/zů Hispanien/
der Sicilien/Jherusalem/Hungern/Dalmacien/Croacien. &c. Künig/Ertzhertzog zů Osterreich/Hertzog zů Burg
di. &c. Graff zů Habspurg/Flandern vnd Tyrol. &c. Entbieten allen vnd ietlichen Churfürsten/Fürsten/Geistli
vnd weltlichen/Prelaten/Graffen/Freien Herren/Rittern/Knechten/Hauptlüten/Landtfögten/Vitzthumben/V
ten/Pflegern/Verwesern/Landtrichtern/Schultheissen/Schöffen/Burgermeistern/Richtern/Röten/Burgern/v
gemeinden. Auch Rectorn vñ Regenten aller gemeinē vniuersitetē/vñ sunst allen andn vnsern vnd des Reichs/auch vnsern erblichen Für
thům vnd land vnderthonē vnd getrüwē/in was wirdē/statz/oder wesens die sein/den diser vnser Keiserlicher brieff od glaublich abschrifft/
durch ein geistlichen Prelaten od offenbarn Notari/verfertiget ist/daus fürkumpt od gezögt würt vnser genad vñ alles gůt. Hochwirdigē v
erwirdigen/Hochgebornē/wolgebornē/ersamen vñ Edlen/liebē fründ Neuen/Oheimen/Churfürsten/Fürsten/Andechtigen vnd getrüwen.
Nach dē vnserm Römischen Keiserlichen ambt zůstat nit allein den gezirck/des heiligē Römischen Reichs/so vnser forfarn d Tütschen
tion/vmb der heiligē Römischen vñ gemeiner kirchen beschirmung willen/durch die götlich gnad/mit irē schwerē blůtvergiessen ansich bra
haben/in vßdilckung vñ vndertruckung d vnglöbigen zůerweitern. Sunder auch nach d regel/die von d Römischen Kirchen biß her geha
ist fürsehung zůthůn/dz kein befleckung der ketzerei od arckwon/in dē Römischen Reich/vnsern heiligē glauben verunreine/od ob der ein
letz angefangē het mit allem fleiß/gůten mitteln vnd beschedenheit/so in solchem fürzůnemē sein vß zůdilckē. Deßhalb bedencken wir/wa
lichs ie einē vnsern forfarn zůthůn gebürt/dz vnß die bürde deß selben vil höher vnd me vff gelegt ist. Nach dē des almechtigen gotz vame
liche gütikeit zůbeschirmung vñ merung seins heiligē glaubens/vnß mit vil künigreichen vñ landen vnd merer macht/dan vor manig iaren
einen vnsern forfarn am Reich/fürsehen vnd begabt hat. Dieweil wir auch von vetterlichem stamē/vß den aller Cristenlichisten Keisern
Ertzhertzogen zů Osterreich/vñ Hertzogen zů Burgundi/vnd dā vß Mütterlichem stamē/vß den Cristglöbigisten Hispanischen. Sicil
nischen/vnd vō Jerusalem Künigē entsprungen sein. Welchen klaren thaten gedechtnüß durch sie für dē Cristenlichen glauben geübt/nym
abgon würt. Darū wa wir etlich ketzereiē/so innerhalb dreiē iaren in Tütscher nation entsprungē/vnd vormals durch die heiligē Conc
vnd der Bäpst satzungē/mit gemeiner kirchen verwilligung warlich verdampt/vñ ietz von nüwem vß d hellen gezogē sein/dieser ynwurtz

9. Mai

Die Wartburg bei Eisenach ist durch eine Reihe von Ereignissen und Personen auf besondere Weise mit der deutschen Geschichte verbunden. Gegründet wurde sie im 11. Jh. von Ludwig dem Springer aus dem Adelsgeschlecht der Ludowinger, der den Stammsitz seines Hauses hierhin verlegte. Das Erscheinungsbild der Burg war zu Luthers Zeit ein völlig anderes als heute, da die Wartburg im 17./18. Jh. stark vernachlässigt wurde und verfiel *(Bild: Stich von 1690)*. Über den wenigen erhaltenen mittelalterlichen Resten wurde sie ab 1858 im historisierenden Stil wiederaufgebaut und in jüngerer Zeit mehrfach restauriert.

10. Mai

Nach dem Reichstag von Worms ließ Kurfürst Friedrich der Weise Luther auf der Rückreise entführen und auf die Wartburg verbringen, um ihn zu schützen. Hier lebte er von Mai 1521 bis März 1522 unter dem Namen „Junker Jörg". Um unerkannt zu bleiben, ließ sich Luther einen Bart und auch das Haupthaar wachsen. Als er sich im Spätherbst 1521 für einige Tage heimlich in Wittenberg aufhielt, schuf Lucas Cranach d. Ä. ein gemaltes Porträt von ihm. Dieses diente dem Künstler als Vorlage für einen Holzschnitt, der jedoch erst nach Luthers offizieller Rückkehr 1522 verbreitet werden konnte.

11. Mai

Um die Vielzahl der im Bibeltext Richter 15,9–17 genannten erschlagenen Philister („tausend"!) glaubhaft zu machen, zeigt Jacopo Bassano in seinem Gemälde „Simson besiegt die Philister" (nach 1538) einen Ausschnitt, der sich ohne weiteres nach links und rechts fortsetzen ließe. In der Mitte wütet Simson mit seinem Eselskinnbacken, während die meisten der Philister schon zu fliehen versuchen. So weichen links der Trommler, der Fahnenträger und weitere Krieger zurück, obwohl sich Simson doch über Erschlagene und Verwundete in die Gegenrichtung vorarbeitet. Unter seinen wuchtigen Schlägen sind bereits einige Lanzen zersplittert, die anderen am linken und rechten Bildrand werden wohl kaum noch gegen ihn zum Einsatz kommen.

12. Mai

Am 12. Mai 1525 fand bei Böblingen eine der entscheidenden Schlachten im Süddeutschen Bauernkrieg statt. Innerhalb weniger Stunden wurde das ca. 15 000 Mann starke Bauernheer von den besser bewaffneten und disziplinierteren 6000 Landsknechten und 1500 Reitern Georgs III. Truchseß von Waldburg besiegt. Dabei wurden 4000 bis 5000 Bauern von den Landsknechten erschlagen und erstochen und Fliehende durch Reiter verfolgt und niedergemacht. Wer von den Bauernführern entkommen konnte, wurde wenig später aufgespürt, gefoltert, gehenkt, verbrannt oder gevierteilt. *(Bild: Denkmal des Nebringer Künstlers Lutz Ackermann für die bei Böblingen geschlagenen Bauern)*.

13. Mai

Luther verfasste die Schrift „Wider di Mordischen und Reubischen Rotten der Bawren" nach Bekanntwerden der „Weinsberger Bluttat", bei der aufständische Bauern den Grafen Helfenstein und 16 weitere Adlige am Ostersonntag 1525 durch Spießrutenlaufen hingerichtet hatten. Da sich die Bauern durch solche Taten selbst ins Unrecht setzen würden, rief Luther die Fürsten jetzt zur gewaltsamen Niederschlagung des Aufruhrs auf. Man solle, so Luther, die Bauern „zerschmeißen, würgen, stechen, heimlich und öffentlich, wer da kann, wie man einen tollen Hund erschlagen muss". Diese Schrift gehört zu den umstrittensten Werken Luthers.

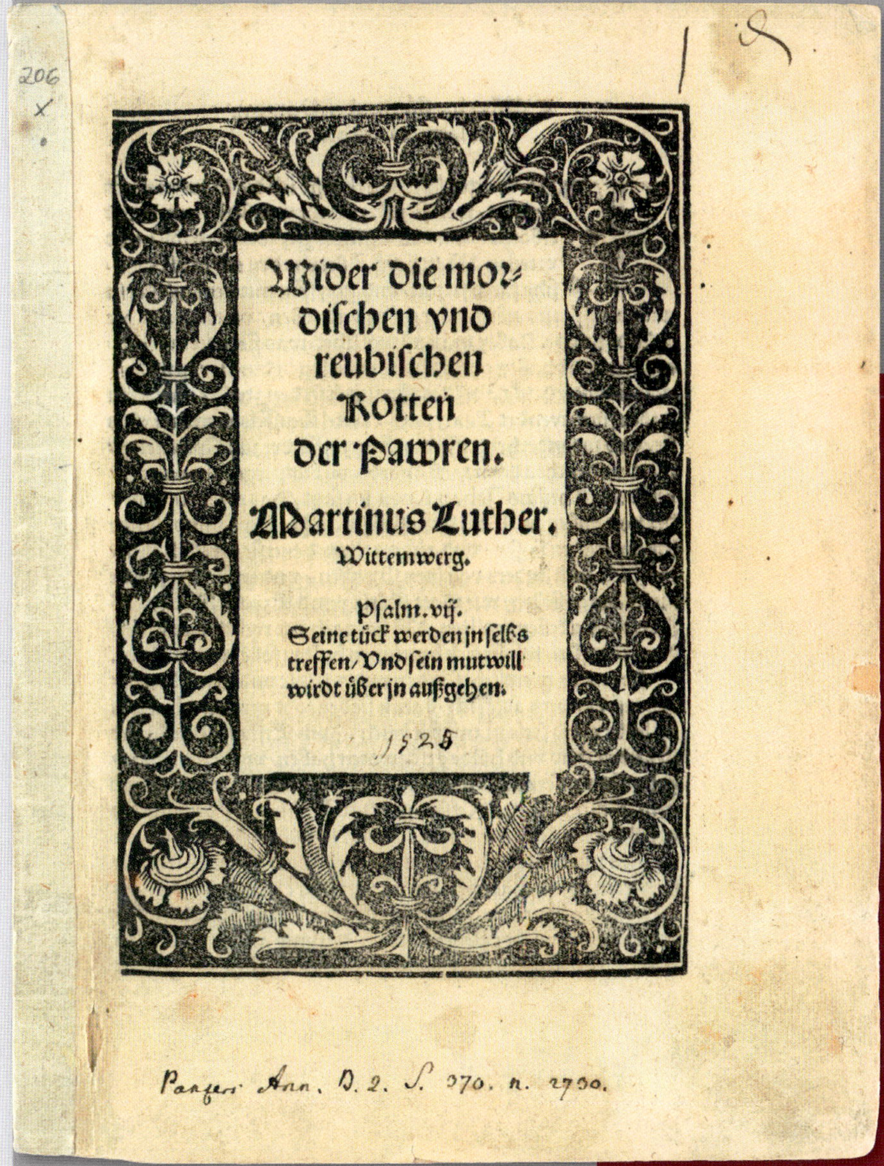

14. Mai

Albrecht Dürer war vom biblischen Buch der Offenbarung des Johannes besonders angesprochen. Er schuf dazu 1498 einen Zyklus von 14 Holzschnitten, der seinen nationalen und internationalen Ruhm begründen sollte. Das bekannteste Blatt zeigt die vier Apokalyptischen Reiter *(Bild)* als endzeitliche Schreckensgestalten, die nach Offenbarung 6,1–8 Krieg, Teuerung, Seuchen, Tod und Hölle symbolisieren. Gnadenlos galoppieren sie über die Menschen hin, und nicht nur Bürger und Bauern, auch der Kaiser gerät unter ihre Hufe. Damit traf Dürer den Nerv der Zeit, denn er fand für die Ängste vieler Menschen um 1500 einen gültigen Ausdruck.

15. Mai

Die Schlacht bei Frankenhausen am 15. Mai 1525 bildet in gewisser Weise den Schlusspunkt des Deutschen Bauernkrieges. Bei dem Ort in Thüringen hatten sich etwa 8000 Aufständische aus verschiedenen Gebieten zusammengefunden. Thomas Müntzer war von Mühlhausen zu ihnen gestoßen und hatte sie durch eine letzte Predigt zum Kampf ermutigt. Unter Bruch eines Waffenstillstandes wurden die Bauern dann in ihrer Wagenburg vom vereinigten Fürstenheer überraschend angegriffen und 6000 von ihnen regelrecht abgeschlachtet. Das Bild zeigt einen Ausschnitt aus dem monumentalen Bauernkriegs-Panoramabild (1976–1987) von Werner Tübke im Panorama-Museum bei Bad Frankenhausen.

16. Mai

Nach der Niederlage der Bauern bei Frankenhausen wurde Thomas Müntzer in der Stadt aufgespürt und durch Philipp von Hessen dem Grafen Ernst II. von Mansfeld übergeben. Die Söldnertruppen der beiden Fürsten hatten zusammen mit denen Herzog Georgs des Bärtigen von Sachsen sowie mainzischen und brandenburgischen Aufgeboten das siegreiche Fürstenheer gebildet. Thomas Müntzer wurde in das Wasserschloss Heldrungen *(Bild)* verbracht und dort auf Befehl des Grafen Ernst von Mansfeld im Beisein des Herzog Georgs des Bärtigen verhört und gefoltert. In einem Abschiedsbrief aus dem Kerker an die Aufständischen forderte Müntzer diese auf, ihrerseits das Blutvergießen zu beenden.

17. Mai

Am 17. Mai 1490 in Ansbach als Sohn des Markgrafen Friedrich von Brandenburg-Ansbach geboren und am Hofe des Kurfürsten von Köln erzogen, war Albrecht für die geistliche Laufbahn vorgesehen. Er wurde 1511 Hochmeister des Deutschen Ordens und geriet 1519 mit Polen in Krieg. Auf Luthers Rat hin wandelte er den Deutschordensstaat 1525 in ein erbliches Herzogtum Preußen unter polnischer Lehnshoheit um und führte dort energisch die Reformation ein. Albrecht war hochgebildet, liebte Musik und bildende Kunst, förderte das Schulwesen und gründete 1544 die Universität Königsberg. Kirchlich-dogmatische und politische Querelen, in die sich Polen einmischte, belasteten seine letzten Regierungsjahre. Albrecht, der erste Herzog in Preußen, starb 1568 in Tapiau.

18. Mai

Die Katastrophe, in der die schwäbisch-fränkischen und thüringischen Baueraufstände 1525 endeten, hatte Albrecht Dürer nicht kaltgelassen. In sein Lehrbuch „Unterweisung der Messung" von 1525 fügte er einen Entwurf (Holzschnitt) zu einer Gedächtnissäule für die ermordeten Bauern ein. Ironisch rät er demjenigen, „welcher ein Victoria [Siegeszeichen] aufrichten wollte, darum dass er die aufrührerischen Bauern überwunden hätte", eine Säule aus landwirtschaftlichen Geräten und Gefäßen zu errichten und „zu öberst einen traureten Bauern, der mit einem Schwert durchstochen sei", daraufzusetzen.

19. Mai

Das Lutherdenkmal in Worms, entworfen von Ernst Rietschel und von ihm zusammen mit anderen Künstlern ausgeführt, ist das größte seiner Art und wurde am 25. Juni 1868 eingeweiht. Die Statue Luthers im Zentrum ist umgeben von vier Sitzfiguren – Girolamo Savonarola, Jan Hus, Petrus Waldus und John Wyclif – als Vorläufern der Reformation. Weiterhin gruppieren sich die Standbilder von Friedrich dem Weisen, Philipp dem Großmütigen von Hessen, Philipp Melanchthon und Johannes Reuchlin sowie allegorische Frauengestalten für die Städte Augsburg, Magdeburg und Speyer um die Zentralfigur. Rietschels Lutherstatue wurde Vorbild für zahlreiche Lutherdenkmäler in Mitteleuropa und Nordamerika.

20. Mai

Die Entdeckung Amerikas als epochales Ereignis ist verbunden mit dem Namen Christoph Kolumbus. Dieser wurde 1451 in Genua geboren, nahm als junger Mann an Seefahrten und Handel teil und kam 1476 nach Lissabon. Vergeblich versuchte er, den König von Portugal für seine Idee einer Westfahrt nach Indien zu gewinnen. Einen weiteren Versuch unternahm er nach 1485 bei den Herrschern von Spanien, die ihm schließlich drei Schiffe für seine Unternehmung zur Verfügung stellten. Auf einer ersten Fahrt entdeckte er 1492 die Bahamas, Kuba und Haiti, drei weitere Fahrten folgten. In dem Glauben, den westlichen Seeweg nach Indien entdeckt zu haben, starb Kolumbus am 20. Mai 1506 in Valladolid.

21. Mai

Albrecht Dürer wurde als drittes von 18 Kindern am 21. Mai 1471 in Nürnberg geboren. Sein Vater war Goldschmied, ein Handwerk, das der Sohn zunächst auch erlernte. Das frühe Selbstbildnis, eine Silberstiftzeichnung, verrät das künstlerische Talent des Dreizehnjährigen: „Dies habe ich von einem Spiegel nach mir selbst konterfeit, im Jahr 1484, als ich noch ein Kind war." Nach der Lehre bei dem Maler Michael Wolgemut begab sich Dürer auf eine mehrjährige Wanderschaft, unter anderem nach Basel, Colmar und Straßburg. Später führten ihn zwei große Reisen nach Italien, wo er wichtige künstlerische Impulse empfing, aber mit seiner Meisterschaft auch die dortigen Künstler beeindruckte.

22. Mai

Die Stadt Nürnberg blieb Dürers Lebensmittelpunkt, auch als sein Ruhm auf ganz Deutschland ausstrahlte. Sein kommerzieller Erfolg ermöglichte ihm am 14. Mai 1509 den Kauf eines Hauses am Tiergärtnertor, das heute noch existiert. Hier lebte er mit seiner Frau Agnes und arbeitete in der Werkstatt mit einer Reihe von Gesellen. Wohlhabende Bürger, Patrizier, aber auch Fürsten wie Friedrich der Weise und sogar Kaiser Maximilian I. gehörten zu seinen Auftraggebern. Dürer war nicht nur ein überragender Maler und Graphiker, sondern wirkte auch als Kunsttheoretiker und Mathematiker, interessierte sich für theologische Fragen und stand der Reformation mit Sympathie gegenüber.

23. Mai

Savonarola hatte als Prior des Klosters San Marco in Florenz ab 1491 begonnen, strenge Reformen einzuführen und kirchliche Missstände anzuprangern. Zunehmend erlangte er auch politische Macht in Florenz. Schließlich errichtete er hier eine Art Gottesstaat, erließ eine demokratische Verfassung und strenge Sittengesetze. Seine radikale Kritik der vorfindlichen Kirche brachte Papst Alexander VI. gegen ihn auf, der ihn als Häretiker exkommunizierte. In der Folge schlug die Stimmung in Florenz gegen Savonarola um. Seine politischen Gegner übernahmen die Macht, ließen ihn verhaften, foltern und zusammen mit zwei Gefährten am 23. Mai 1498 auf der Piazza della Signoria hängen und verbrennen.

24. Mai

Nikolaus Kopernikus, am 19. Februar 1473 in Thorn im heutigen Polen geboren, trieb 1491–94 in Krakau humanistische, mathematische und astronomische Studien, die er 1496–1503 in Bologna und Padua auf dem Gebiet der Medizin und Rechtswissenschaft fortsetzte. Danach kehrte er in seine Heimat zurück und wurde in Frauenburg Sekretär und Leibarzt seines Onkels, des Bischofs Lukas Watzenrode. Ab 1510 übernahm er die Aufgaben eines Domherrn. Privat betrieb er astronomische Forschungen, bei denen er entdeckte, dass nicht die Erde, sondern die Sonne der Mittelpunkt des Planetensystems ist (heliozentrisches Weltbild). Sein astronomisches Hauptwerk erschien erst kurz vor seinem Tode. Kopernikus starb am 24. Mai 1543 in Frauenburg.

25. Mai

Das Hauptwerk von Nikolaus Kopernikus „De revolutionibus orbium coelestium“ (lat. „Über die Umschwünge der himmlischen Kreise“) wurde erstmals 1543 in Nürnberg gedruckt. Das darin beschriebene mathematisch-naturphilosophische Modell, nach dem sich die Planeten einschließlich der Erde um die Sonne bewegen *(Bild)* und die Erde sich um ihre eigene Achse dreht, stellte eine wissenschaftliche Umwälzung dar. Luther, Melanchthon und Calvin lehnten das neue Weltbild des Kopernikus mit Hinweis auf Bibelstellen ab, die ihrer Meinung nach das Feststehen der Erde und das Kreisen der Sonne belegten.

26. Mai

Ein namentlich nicht bekannter Künstler aus der Werkstatt Lucas Cranachs d. Ä., der seine Arbeiten mit „MS" signierte, schuf zur ersten vollständigen Bibelübersetzung Luthers von 1534 über 100 Holzschnitte. Dazu gehört auch dieses später von Hand kolorierte Blatt, das in leuchtenden Farben Gott als Schöpfer zeigt, der die Welt segnet. Dabei ist diese gemäß dem alten geozentrischen Weltbild dargestellt. Die kreisrunde Erde, von Flüssen durchzogen und mit einem Meer am Rand, muss man nicht unbedingt als Scheibe sehen. Sie stellt als Ganze noch den Paradiesgarten dar, in dem Adam und Eva sich inmitten von zahlreichen Tieren vorfinden.

27. Mai

Der Theologe Calvin lebte in Basel unter einem Pseudonym und verfasste einen Katechismus für die französischen Reformierten, der 1536 unter dem Titel „Institutio christianae religionis“ (Unterricht in der christlichen Religion) erschien. Im gleichen Jahr kam Calvin nach Genf; die Stadt hatte sich im Mai der Reformation angeschlossen. Hier wurde er zum „Lektor in der Heiligen Schrift“ ernannt und bekam den Auftrag zur Neuorganisation der Kirche. Er arbeitete eine Gemeindeordnung mit strenger Kirchenzucht aus. Nach Spannungen in Genf ging Calvin nach Straßburg, kehrte aber 1541 nach Genf zurück, gewann in den folgenden Jahren zunehmend an Einfluss und prägte mit Predigt und Lehre entscheidend den reformierten Protestantismus. Er starb am 27. Mai 1564 in Genf.

28. Mai

Nachdem man Thomas Müntzer, den Agitator der Bauernaufstände, in der Festung Heldrungen verhört und gefoltert hatte, wurde er nach Mühlhausen gebracht und am 27. Mai 1525 vor den Toren der Stadt enthauptet *(Bild: Spielfilmszene)*. Sein Leib wurde aufgespießt und sein Kopf auf einen Pfahl gesteckt. Es war dies das tragische Ende eines Mannes, der sich von einem Anhänger Luthers ab 1524 zu dessen scharfem Kritiker entwickelte und ihn als das „gaystloße und sanfftlebende Fleysch zu Wittenberg" auf der Seite der Fürsten sah. Müntzer verband dagegen seine spiritualistisch-apokalyptische Theologie mit einem starken sozialen Engagement für die Armen und Unterdrückten.

29. Mai

Das Historienbild von Adolf Friedrich Teichs aus dem Jahr 1845 stellt eine nicht belegte Legende dar, wonach Kaiser Karl V., der in der Schlacht von Mühlberg den Schmalkaldischen Bund der Protestanten besiegt hatte, am 23. Mai 1547 in Wittenberg eingeritten sei und in der Schlosskirche am geöffneten Grabe seines großen Widersachers Luther gestanden habe. Dabei habe ihn der Herzog Alba (rechts vom Kaiser) aufgefordert, die sterblichen Überreste dieses Ketzers nun noch nachträglich auf dem Scheiterhaufen zu verbrennen. Darauf soll der Kaiser geantwortet haben: „Er hat seinen Richter gefunden. Ich führe Krieg mit den Lebenden und nicht mit den Toten."

30. Mai

Durch eine Säule geteilt, werden in beiden Bildhälften die jeweils wichtigsten Lehrstücke der evangelischen und der katholischen Kirche dargestellt. Links lauschen die Menschen unter der Kanzel einer Predigt Martin Luthers, über dem die Taube des Heiligen Geistes schwebt und der über ein Schriftband mit dem Lamm, Christus und Gottvater verbunden ist. Daneben werden die Sakramente Abendmahl und Taufe dem reformatorischen Verständnis gemäß gespendet. In der rechten Bildhälfte predigt ein fetter Mönch Klerikern das, was ein Dämon ihm einbläst. Hinter ihm ist eine Prozession zu sehen und vorne sitzt der Papst als Ablasshändler am Geldtisch. Über allem entlädt sich der Zorn Gottes mit Hagel und Feuer. *(Holzschnitt 1546 von Lucas Cranach d. J.)*

31. Mai

Ignatius von Loyola wurde am 31. Mai 1491 auf Schloss Loyola in Spanien geboren und trat zunächst in höfische und militärische Dienste. Nach einer Verwundung 1521 bei Pamplona führte die Lektüre theologischer Literatur bei ihm zu einer Lebenswende. Nach einem Jahr der Buße und einer Pilgerfahrt ins Heilige Land 1523/24 studierte Ignatius in Barcelona, Alcalá de Henares und Salamanca, musste dann aber vor der Inquisition nach Paris fliehen. Dort schloss er sich am 15. August 1534 mit einigen Freunden zu einer religiösen Gemeinschaft zusammen, die sich Papst Paul III. zur Verfügung stellte und aus der der Jesuitenorden erwuchs.

1. Juni

Jesus ist von jungen Müttern mit Babys und kleinen Kindern derart umringt, dass seine Jünger förmlich an den Rand gedrängt werden. Mit mürrischen Gesichtern sind einige von ihnen in der linken oberen Bildecke zu sehen. Auffällig ist die Ähnlichkeit der Frauen, aber auch der Babys untereinander. Dies ist der „beinahe seriellen Bildproduktion“ des Wittenberger Hofmalers Lucas Cranach d. Ä. in seinem Werkstattbetrieb geschuldet. Zu deren beliebtesten Bildmotiven gehörte die Kindersegnung Jesu (Markus 10,13–16), man zählt über 35 Bildvarianten. Sicher hängt das mit der Neuentdeckung des Kindes in der Zeit von Renaissance und Humanismus zusammen sowie mit dem Festhalten an der Kindertaufe durch die Reformatoren im Gegensatz zu den Vertretern der Täuferbewegung.

2. Juni

Das Historienbild von Johann Karl Ulrich Bähr aus dem Jahr 1840 zeigt Jan van Leiden bei der Taufe eines Mädchens während der Herrschaft der Täufer in Münster. Als „König Johann I." führte er die Vielehe ein und soll selber 16 Frauen gehabt haben. Im Türbogen sind noch der Stadtschreiber Bernd Krechting und der Scharfrichter, spätere Bürgermeister und „Statthalter" Bernd Knipperdolling zu sehen. Zusammen mit Jan van Leiden und dem „Reichskanzler" Heinrich Krechting hatten sie in der Stadt Münster ein endzeitliches Schreckensregiment errichtet. Wer sich der Täuferbewegung nicht anschloss, wurde aus der Stadt vertrieben, Gegner und Kritiker wurden erbarmungslos hingerichtet.

3. Juni

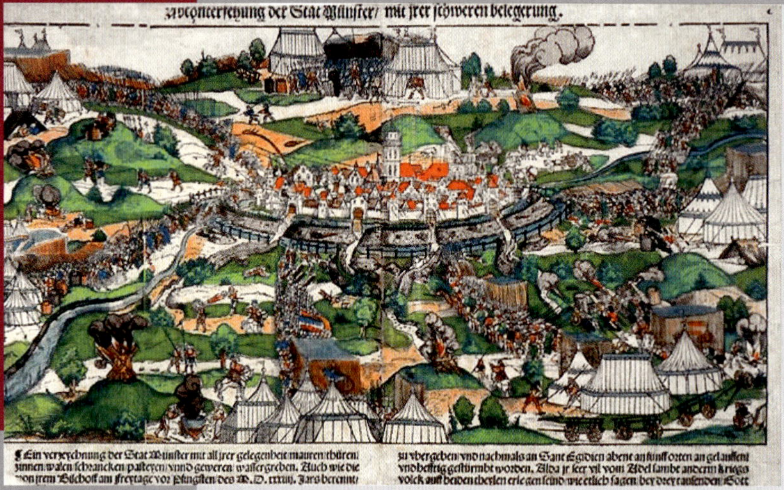

Das Täuferreich von Münster stand unter großem äußeren Druck, denn der aus der Stadt vertriebene Fürstbischof Franz von Waldeck belagerte die Stadt seit dem 28. Februar 1534 mit Hilfe von Landsknechtstruppen des Landgrafen Philipp von Hessen. In der Front gegen die Täufer standen Katholiken und Protestanten also zusammen. Das Bild zeigt einen Angriff auf die Stadt zu Pfingsten, am 3. Juni 1534, der allerdings nicht erfolgreich war. Nach eineinhalbjähriger Belagerung wurde Münster jedoch am 24. Juni 1535 eingenommen und das dortige Täuferreich endete in einem Blutbad, bei dem rund 650 Verteidiger starben. Später folgten noch zahlreiche weitere Hinrichtungen.

4. Juni

Eine theologische Disputation zwischen Juden und Christen, wie sie diese Darstellung von Konrad Dinckmut aus dem Jahr 1488 zeigt, hat es in der Reformationszeit wohl selten gegeben. Unter den Humanisten war es vor allem der Hebraist Johannes Reuchlin, der sich positiv über den Talmud und andere jüdische Schriften äußerte und ihre Vernichtung zu verhindern suchte. Von den Reformatoren plädierte Andreas Osiander für einen echten Dialog mit den Juden. Er setzte sich energisch für ihre Rechte ein und lehnte, wie auch Wolfgang Capito, Philipp Melanchthon und Heinrich Bullinger, Luthers antijudaistische Schmähschriften entschieden ab.

5. Juni

In Nordhausen am 5. Juni 1493 als Jobst Koch geboren, studierte Justus Jonas ab 1506 an der Erfurter Universität und setzte 1511 seine Studien des kanonischen Rechts in Wittenberg fort. Wieder nach Erfurt zurückgekehrt, wurde er dort 1516 zum Priester geweiht, predigte und hielt juristische Vorlesungen. Er begleitete Luther 1521 nach Worms und wurde im gleichen Jahr Propst des Allerheiligenstifts in Wittenberg. In Halle führte er 1541 die Reformation durch und war dort Stadtsuperintendent. Justus Jonas wirkte auch in Coburg und Regensburg. Er übersetzte lateinische Schriften Luthers und Melanchthons, verfasste Kirchenordnungen und Kirchenlieder und verstarb am 9. Oktober 1555 in Eisfeld.

6. Juni

Als Justus Jonas am 6. Juni 1521 als Propst der Wittenberger Schlosskirche eingeführt wurde, lag deren Vollendung gerade zwölf Jahre zurück. Als Stiftskirche Allerheiligen diente sie der Aufbewahrung und Präsentation des Wittenberger Heiltums, einer der größten Reliquiensammlungen der damaligen Zeit. Ab 1507 war sie auch Universitätskirche. Erst 1525 wurde hier der evangelische Gottesdienst eingeführt. Schwerste Schäden erlitt die Schlosskirche im Siebenjährigen Krieg, als am 13. Oktober 1760 kaiserliche Truppen die Stadt unter Beschuss nahmen. Die berühmte Thesentür verbrannte und der größte Teil der kostbaren Ausstattung wurde vernichtet.

7. Juni

Nach dem Beschuss der Schlosskirche zu Wittenberg 1760 waren nur deren Außenmauern erhalten geblieben, in die man nach 1767 einen schlichten weiß gekalkten Saalbau mit hölzernem Tonnengewölbe einfügte. Erst 1883 wurde auf Initiative des späteren Kaisers Friedrichs III. der Neuausbau der Kirche beschlossen. Die nun im historisierenden Stil der wilhelminischen Kaiserzeit entstandene Ruhmeshalle der Reformation wurde am 31. Oktober 1892 eingeweiht. Zuvor hatte man auch den Turm weitgehend neu errichtet und mit einer neogotischen Haube bekrönt. Bei der jüngsten Restaurierung der gesamten Kirche 2013–16 hat man im Inneren die farbliche und ornamentale Anmutung des ausgehenden 19. Jh. wiedergewonnen.

8. Juni

Für Luthers Grab war ursprünglich ein Bronzeepitaph bestimmt, das aber nie in Wittenberg ankam. Seit dem Jahr 1550 befindet sich ein Sockel mit einer Schriftplatte aus Bronze über dem Grab. Die Inschrift (in Latein) lautet: „Hier ist begraben der Leib des Doktors der Heiligen Theologie Martin Luther, der im Jahre Christi 1546 am 18. Februar in seiner Heimatstadt Eisleben starb, nachdem er 63 Jahre, 2 Monate, 10 Tage gelebt hatte.“ Die letzte Angabe irritiert, denn eigentlich hat Luther doch 62 Jahre, 3 Monate und 8 Tage gelebt.

9. Juni

Ähnlich wie Luthers Grab ist auch die Grabstätte Melanchthons in der Wittenberger Schlosskirche angelegt. Es ist eine durch einen Sockel erhöhte schlichte Bronzeschrifttafel, auf der in lateinischer Sprache geschrieben steht: „Hier ruht des höchst verehrungswürdigen Philipp Melanchthons Leib, der im Jahr Christi 1560 den 19. April in dieser Stadt gestorben ist, nachdem er 63 Jahre 2 Monate 2 Tage gelebt hatte."

10. Juni

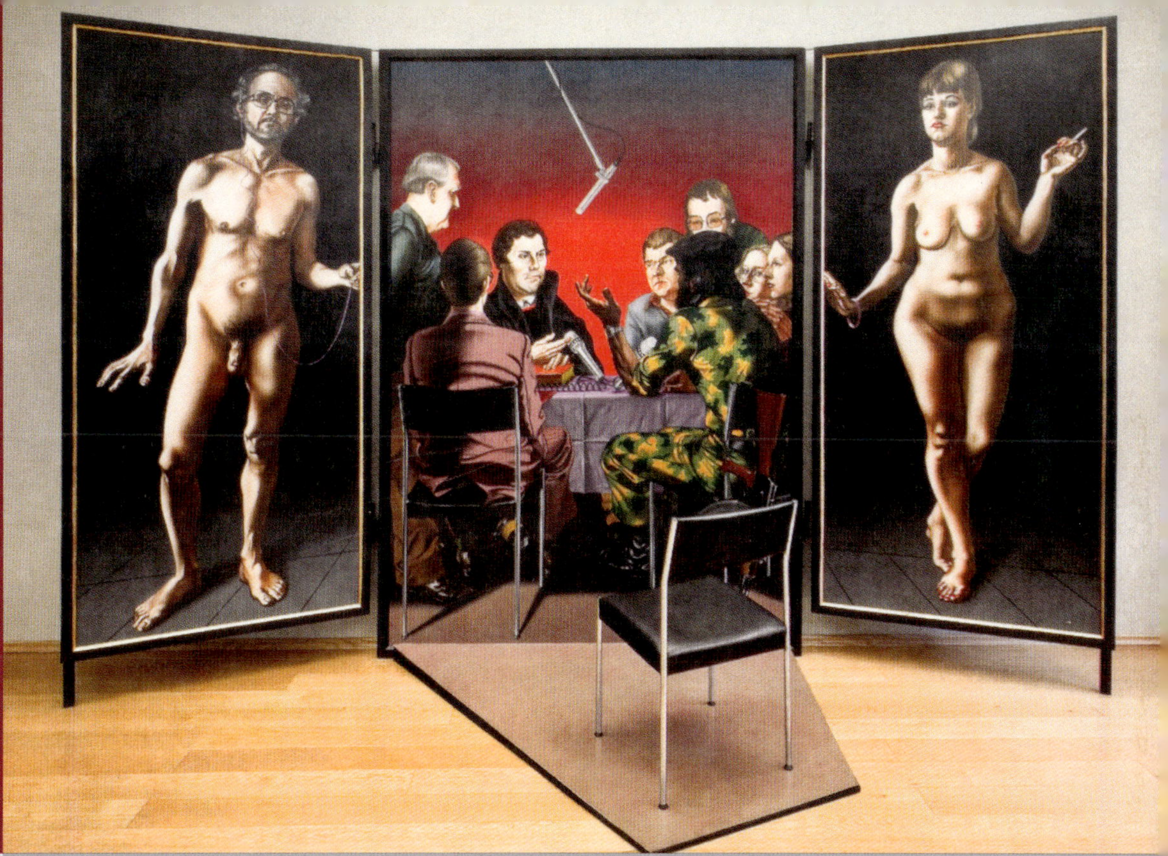

Ein Jahr nach dem Jubiläum des 500. Geburtstages Martin Luthers schuf der Hallenser Künstler Uwe Pfeifer (geb. 1947) die Installation „Tischgespräch mit Luther" (1984). Sie besteht aus einem Triptychon, dessen linker und rechter Flügel Adam und Eva zeigen. Auf der Mitteltafel sitzt Martin Luther mit verschiedenen Leuten an einem Tisch. Er diskutiert mit einem Guerilla-Kämpfer, der seine Kalaschnikow über die Stuhllehne gehängt hat. Durch Mikrophone wird das Gespräch übertragen. Ein vor das Werk gestellter Stuhl lädt den Betrachter gleichsam ein, am Gespräch teilzunehmen.

11. Juni

Der elsässische Jude Josel von Rosheim (1476–1554) hatte sich als Vertreter der jüdischen Gemeinden im Deutschen Reich trotz persönlicher Verfolgungen engagiert für deren Rechte eingesetzt und z. B. bei Kaiser Karl V. 1520 einen Schutzbrief für alle Juden des Reiches erwirkt. Als Kurfürst Johann Friedrich I. im Jahr 1536 den Juden im Kurfürstentum Sachsen Aufenthalt, Erwerbstätigkeit und Durchreise verbot, bat Josel von Rosheim Luther um Fürsprache beim Fürsten. Der lehnte dies in einem Brief vom 11. Juni 1537 ab, weil die Juden ihren „Vetter und Herrn, den lieben gekreuzigten Jesus" nicht anerkennen würden. *(Bild: Rabbi Josel von Rosheim auf dem Reichstag von Augsburg 1530)*

12. Juni

Caspar Schwenckfeld von Ossig, der einem alten Adelsgeschlecht entstammte, wurde 1489 in Ossig geboren und studierte in Köln und Frankfurt/Oder. Ab 1519 durch die Lektüre von Lutherschriften evangelisch geworden, versuchte er die Reformation in Schlesien (Liegnitz) einzuführen und wurde deswegen 1528 aus seiner Heimat verbannt. Er siedelte nach Straßburg über, wurde aber von dort wegen seines spiritualistischen Kirchenverständnisses auf Betreiben Martin Bucers 1534 vertrieben. Nach einem Aufenthalt in Ulm 1537–1542 musste er immer wieder wegen ständiger Verfolgungen neue Zufluchtsorte in Schwaben suchen. Er starb am 10. Dezember 1561 in Ulm.

13. Juni

Gegen den Rat vieler Freunde heiratete Martin Luther die sechzehn Jahre jüngere ehemalige Nonne Katharina von Bora, wobei offensichtlich sie die Initiative ergriffen hatte. Am Abend des 13. Juni 1525 lud Luther die engsten Wittenberger Freunde in das Schwarze Kloster ein. Johannes Bugenhagen hielt die Trauung und Lucas Cranach d. Ä. mit seiner Gattin waren die Trauzeugen. Philipp Melanchthon wusste anfangs nichts von Luthers Vorhaben und wurde offenbar auch nicht eingeladen. Er sprach von Luthers Heirat als einer „unglücklichen Tat". 14 Tage später lud Luther seine Eltern, Verwandte und Freunde zur sog. Wirtschaft ein, dem Kirchgang mit anschließendem Festmahl.

14. Juni

Der niederländische Maler Maarten van Heemskerck (1498–1574) schuf um 1530 ein Familienbild, das das gewachsene bürgerliche Selbstbewusstsein seiner Zeit zum Ausdruck bringt. Vater und Mutter bilden gleichsam die „Eckpfeiler", zwischen denen die beiden älteren Kinder fröhlich agieren können. Das jüngste schaut unbefangen aus dem Bild heraus, während die Blicke der Erwachsenen eine kühle Distanz zum Betrachter schaffen, der sich zugleich an den reich gedeckten Tisch geladen fühlt. Die sorgfältig gemalten Gefäße und Speisen sind fast wie zu einem Stillleben arrangiert. Ein Himmel mit hellen Wolkenbildungen verleiht der Szenerie etwas Offenes und Weites.

Bulla contra Erro
res Martini Lutheri
et ſequatium.

15. Juni

Mit der Bulle „Exsurge Domine“ (lat. „Erhebe dich, Herr“) vom 15. Juni 1520 drohte Papst Leo X. Luther den Bann an, sollte er nicht innerhalb von 60 Tagen nach Zustellung eine bestimmte Anzahl der in seinen Werken geäußerten Thesen widerrufen. Zwar hat Luther sein Exemplar später verbrannt, in Archiven haben sich aber einige Originale erhalten. Das Titelblatt zeigt das Wappen der Medici, der Familie also, aus der Papst Leo X. stammte, in Verbindung mit den päpstlichen Insignien, den gekreuzten Schlüsseln und der dreifachen Papstkrone, der Tiara.

16. Juni

In der Andreaskirche zu Eisleben findet sich das prächtige Renaissancegrabmal für den Grafen Hoyer VI. von Mansfeld-Vorderort (1484–1540). Dieser war ein treuer Gefolgsmann von Kaiser Maximilian I. sowie dessen Nachfolger Karl V. und kam dafür in den Genuss zahlreicher Privilegien und Belohnungen. Als überzeugter Gegner der Reformation vertrat er die kaiserlichen Interessen auf den Reichstagen von Worms 1521 und Augsburg 1530. In seinem Gebiet bekämpfte Hoyer hartnäckig die Ausbreitung der Reformation und konnte dort bis zu seinem Tod 1540 erfolgreich eine kirchliche Neuordnung aufhalten.

17. Juni

Im Jahr 1501 erfolgte eine Erbteilung des Mansfelder Grafengeschlechts. Gemeinsam mit seinen beiden Brüdern besaß der im Vorderschloss (daher die Bezeichnung Vorderort) auf Burg Mansfeld residierende Hoyer VI. drei Fünftel der Grafschaft Mansfeld. Die Grafen ließen drei repräsentative Schlösser auf dem Burgberg errichten (Vorder-, Mittel- und Hinterort) und mit einer gemeinsamen starken Befestigungsanlage versehen. Im Hintergrund des Gemäldes von Lucas Cranach d.J., das die Bekehrung des Saulus/Paulus darstellt, ist die gesamte Schlossanlage im Jahr 1549 zu sehen. Martin Luther verlebte im Ort Mansfeld, wo sich sein Vater 1484 niedergelassen hatte, seine Kindheit.

18. Juni

Im Gegensatz zu seinem Vetter Hoyer VI. wandte sich Graf Albrecht IV., geboren am 18. Juni 1480, schon früh Luther und seiner Lehre zu und führte in den ihm unterstehenden Gebieten die Reformation mit der Umgestaltung des Kirchen- und Schulwesens durch. Der Bauernkrieg zog die Grafschaft Mansfeld stark in Mitleidenschaft, Graf Albrecht gehörte daher zu den entschiedensten Anführern der adeligen Gegenpartei. An dem bei Frankenhausen 1525 gegen die Bauern geführten Vernichtungsschlag hatte er entscheidenden Anteil. Auch war er Heerführer im Schmalkaldischen Krieg und verlor nach der Niederlage der Evangelischen für einige Jahre alle seine Besitzungen. Graf Albrecht starb am 4. Mai 1560.

19. Juni

Das spätere Lutherhaus wurde ab 1503/04 als Südflügel eines Augustinereremiten-Klosters in Wittenberg errichtet, das wegen der Kuttenfarbe der Mönche auch „Schwarzes Kloster“ genannt wurde. Nach dessen Auflösung überließ der Kurfürst das Gebäude 1524 Luther, 1532 wurde es endgültig ihm und seiner Familie übereignet. Später erwarb es die Universität von seinen hoch verschuldeten Söhnen. Die heutige Ansicht ist das Ergebnis mancher Umbauten und Erweiterungen; so gab es ursprünglich wohl nur ein Obergeschoss. In den Jahren 1877–1883 wurde hier ein reformationsgeschichtliches Museum eingerichtet, das, jüngst erweitert und modernisiert, weltweit das größte seiner Art ist.

20. Juni

Das Herzstück der Ausstellung im Lutherhaus zu Wittenberg bildet die Lutherstube, die zwischen 1535 und 1538 eingebaut wurde. Dielen, Wandtäfelung, Felderdecke und Butzenscheiben sowie die Möbel sind original erhalten. So wurden an dem Kastentisch wohl die meisten von Luthers Tischreden aufgezeichnet. Zu seiner Zeit war der Raum weiß getüncht, die heute sichtbare Wandbemalung und der Kachelofen stammen vom Beginn des 17. Jh.

21. Juni

Das Gemälde von Gustav Adolph Spangenberg aus dem Jahr 1866 zeigt Luther musizierend im Kreis seiner Familie, im Hintergrund den zuschauenden Melanchthon. Katharina brachte sechs Kinder zur Welt: Johannes (1526–1575), Elisabeth (1527–1528), Magdalena (1529–1542), die Luthers Liebling war, Martin (1531–1565), Paul (1533–1593) und Margarethe (1534–1570). Sowohl der Tod der gerade acht Monate alten Elisabeth wie auch später der von Magdalena trafen die Eltern tief. Neben ihren eigenen Kindern wuchsen hier noch elf Waisenkinder auf, darunter Kinder von Luthers Schwestern und Verwandte von Katharina.

22. Juni

Katharina von Bora gab den Auftrag zum Bau des großen Sitznischenportals mit Kielbogen-Abschluss, des „Katharinenportals“ an der Nordseite des Lutherhauses. Der für das Portal benötigte Sandstein wurde aus dem Elbsandsteingebirge per Schiff auf der Elbe nach Wittenberg transportiert. Der Überlieferung nach soll Katharina das Portal ihrem Mann zu dessen 57. Geburtstag im Jahr 1540 zum Geschenk gemacht haben, worauf die über dem Portal eingemeißelte Jahreszahl hinweist. Das Medaillon über dem linken Sitz zeigt das älteste Steinbildnis des Reformators und einen Hinweis auf sein Alter, während das Medaillon über dem rechten Sitz die Lutherrose zeigt.

23. Juni

Die um 1492 nahe Regensburg geborene Argula von Stauff entstammte dem Hochadel. Sie war zunächst Hoffräulein in München und heiratete 1510 den fränkischen Reichsritter Friedrich von Grumbach. Mit ihm hatte sie vier Kinder. Schon früh schloss sie sich der reformatorischen Bewegung an, las Luthers Schriften und stand mit ihm, Spalatin und Osiander in Briefwechsel. Wegen ihres publizistischen Eintretens für die Reformation verlor ihr altgläubig gebliebener Mann sein Amt, wandte sich von ihr ab und starb 1530. Im gleichen Jahr besuchte Argula von Grumbach Luther in Coburg und war beim Reichstag von Augsburg zugegen. Sie starb am 23. Juni, das Todesjahr ist unsicher: 1554, 1557 oder 1568.

24. Juni

Der Freund und Beichtvater Luthers, Johannes Bugenhagen, wurde am 24. Juni 1485 im pommerschen Wollin geboren und nach dem Studium 1509 zum Priester geweiht. In Treptow an der Rega wirkte er dann als Schulrektor und schuf daneben bis 1518 die erste Darstellung der Geschichte Pommerns. Mit Luthers Schriften wurde Bugenhagen ab 1520 bekannt und ging 1521 nach Wittenberg, um reformatorische Theologie zu studieren. Anfang November 1521 begann dort seine eigene jahrzehntelange Vorlesungstätigkeit. Durch zahlreiche Veröffentlichungen weit bekannt, erreichten ihn in den nächsten Jahren Angebote aus Erfurt, Hamburg und Danzig, die er jedoch ablehnte.

25. Juni

Als Vorschlag zur Verständigung mit den Katholiken wurde die „" (Augsburgisches Bekenntnis) von Philipp Melanchthon auf der Grundlage der lutherischen Theologie sowohl auf Latein als auch auf Deutsch verfasst. Der sächsische Kanzler und Rechtsgelehrte Christian Beyer trug die deutsche Version am 25. Juni 1530 Kaiser Karl V. und den Kurfürsten auf dem Reichstag in Augsburg vor *(Bild)*, anschließend übergab der Kanzler Gregor von Brück dem Kaiser die lateinische Ausfertigung. Mit späteren Änderungen wurde die Confessio Augustana das grundlegende Lehrbekenntnis der evangelisch-lutherischen Kirchen.

26. Juni

Nachdem Luther zunächst am 24. Juni 1524 in der Augustiner-Klosterkirche (heute Wallonerkirche) zu Magdeburg gepredigt hatte, wurde die Predigt wegen des großen Zulaufs am 26. Juni 1524 in der Marktkirche St. Johannes *(Bild)*, der ältesten Magdeburger Pfarrkirche, wiederholt. Danach waren Teile des Rates bereit, sich der Reformation anzuschließen. Kurze Zeit später übernahm ein Großteil der Magdeburger Kirchengemeinden die evangelische Gottesdienst- und Gemeindeordnung. Die Johanniskirche wurde nach weitgehender Zerstörung im Zweiten Weltkrieg wieder aufgebaut und wird seit 1999 als Festsaal und Konzerthalle der Stadt Magdeburg genutzt.

27. Juni

Im Jahr 1886 wurde vor der Johanniskirche in Magdeburg das von Emil Hundrieser (1846–1911), einem Bildhauer der wilhelminischen Zeit, geschaffene Bronzestandbild von Martin Luther aufgestellt. Die zeitweise am Sockel befindliche Inschrift „Doctor Martin Luther +1524+" sollte an seine Predigten in Magdeburg im Juni 1524 erinnern. Nach der politischen Wende von 1989 wurde der ursprüngliche Sockel des Denkmals mit der Inschrift „Gottes Wort mit uns in Ewigkeit" erneuert.

28. Juni

Albrecht von Brandenburg aus dem Hause Hohenzollern wurde am 28. Juni 1490 in Cölln an der Spree geboren. Nach dem Studium in Frankfurt/Oder wählte er die geistliche Laufbahn und wurde mit nur 23 Jahren Erzbischof von Magdeburg und Administrator des Bistums Halberstadt. Unter Umgehung eines kirchlichen Verbots wurde er 1514 zusätzlich Erzbischof und Kurfürst zu Mainz und 1518 Kardinal. Nun war er der mächtigste geistliche Fürst im Reich. Wegen der Gebühren bei der ungewöhnlichen Pfründehäufung verschuldete er sich bei dem Bankhaus Fugger. Um diese Schuld abzutragen, beteiligte er sich am Ablasshandel, den Papst Leo X. zum Bau der Peterskirche verkündete. Die Hälfte der Einnahmen konnte er behalten.

29. Juni

In dem extrem trockenen Sommer 1540, in dem viel Vieh starb, wurden in Wittenberg die alte Frau Prista Frühbottin, ihr Sohn Dictus sowie zwei Knechte und Abdeckergehilfen beschuldigt, sie hätten mit giftigem Pulver die Weiden und das Vieh vergiftet. Am 29. Juni 1540 wurden die vier verbrannt. Ein Zeuge berichtete von der grausamen Hinrichtung: „Zu Wittenberg schmäuchte man auch vier Personen, die an eichenen Pfählen emporgesetzt, angeschmiedet, und mit Feuer wie Ziegel jämmerlich geschmäucht und abgedörrt wurden." Der Holzschnitt von Lucas Cranach d.J. zeigt als Flugblatt zur Abschreckung die Hingerichteten nach ihrem Tod.

30. Juni

Trotz der Erfahrung einer harten Erziehung gestand Martin Luther seinen Eltern rückblickend zu, sie hätten es herzlich gut gemeint, und erinnerte sich insgesamt dankbar an sie. Seine Mutter soll etwas schwermütig gewesen sein, doch fromm, mit der üblichen Furcht vor Hexen und Dämonen, der Vater eher praktisch und nüchtern denkend. Das Doppelporträt malte Lucas Cranach d. Ä. vermutlich 1527, als die Eltern Luthers aus Anlass der Taufe ihrer Enkelin Elisabeth nach Wittenberg reisten. Hans Luder starb am 29. Juni 1530 in Mansfeld, seine Frau Margarethe ebendort am 30. Juni 1531.

1. Juli

Christian II. von Dänemark wurde am 1. Juli 1481 in Nyborg geboren und folgte seinem Vater 1513 auf den dänischen und norwegischen Thron. Er versuchte, die Macht des Adels und der Kirche zurückzudrängen, und förderte stattdessen die Kaufleute und Städte. 1520 besiegte er Schweden und ging dabei grausam gegen seine Gegner vor. Aufstände des Adels und der Geistlichkeit in seinem Herrschaftsgebiet zwangen ihn 1523 ins Exil. Als Anhänger der Reformation kam er nach Wittenberg und war mit seiner Frau bis 1524 zu Gast im Hause Cranach. Die Versuche Christians II., 1531/32 wieder auf den Thron zu gelangen, scheiterten und er starb als Gefangener am 25. Januar 1559 auf Schloss Kalundborg.

2. Juli

Ende Juni 1505 war Luther, der gerade das Examen als Magister Artium abgelegt hatte, zu seinen Eltern nach Mansfeld gereist. Auf dem Heimweg wurde er am 2. Juli kurz vor Erfurt bei dem Dorf Stotternheim von einem heftigen Gewitter überrascht. Ein Blitzschlag ganz in seiner Nähe machte ihm solche Angst, dass er ausrief: „Hilff du, Sankt Anna, ich wil ein monch werden!“ So hat es Luther später erzählt. In der neueren Forschung nimmt man an, dass er schon zuvor die Absicht hatte, ins Kloster zu gehen, und dieses Erlebnis möglicherweise nur den letzten Anstoß zur endgültigen Entscheidung gab *(Bild: Gedenkstein bei Stotternheim)*.

3. Juli

Die Pleißenburg war eine von Markgraf Dietrich von Meißen im 13. Jh. gegen die Leipziger Bürger errichtete Zwingburg, die nach der vorbeiführenden Pleiße benannt wurde. Hier fand im Juli 1519 die Leipziger Disputation statt. Die im Schmalkaldischen Krieg schwer beschädigte Burg ersetzte man ab 1549 durch eine Festung, die 1897 abgerissen wurde, um Platz für das monumentale Neue Rathaus der Stadt Leipzig zu schaffen.

4. Juli

Nach zunächst schriftlichen Auseinandersetzungen zwischen Dr. Johannes Eck und den Reformatoren organisierte die Universität Leipzig ein Klärungsgespräch (27. Juni bis 15. Juli 1519). Zunächst disputierten Eck und Karlstadt vom 27. Juni bis zum 3. Juli in der Leipziger Pleißenburg über den freien Willen und sein Verhältnis zur göttlichen Gnade und zu den guten Werken. Am 4. Juli begann dann in Gegenwart Herzog Georg des Bärtigen die Disputation zwischen Eck und Luther über das Primat des Papstes und die Gewalt der Konzilien *(Bild: Lithographie von Max Seliger, Anfang 20. Jh.)*.

5. Juli

Bei der Leipziger Disputation 1519 rang Eck Luther das Eingeständnis ab, dass unter den Lehren von Jan Hus viele ganz christlich gewesen seien und dass nach Luthers Auffassung ein Konzil durchaus irren könne. Damit hatte er sich aus Sicht der Altgläubigen eindeutig als Ketzer erwiesen. Doch betrachteten sich beide Lager nach der Disputation als Sieger in den Auseinandersetzungen. – Das Titelbild zu einer Lutherpredigt, „Ein Sermon gepredigt zu Leipzig auf dem Schloß am Tag Petri und Pauli im 19. Jahr" (29. Juni 1519), zeigt das älteste bekannte Porträt Martin Luthers.

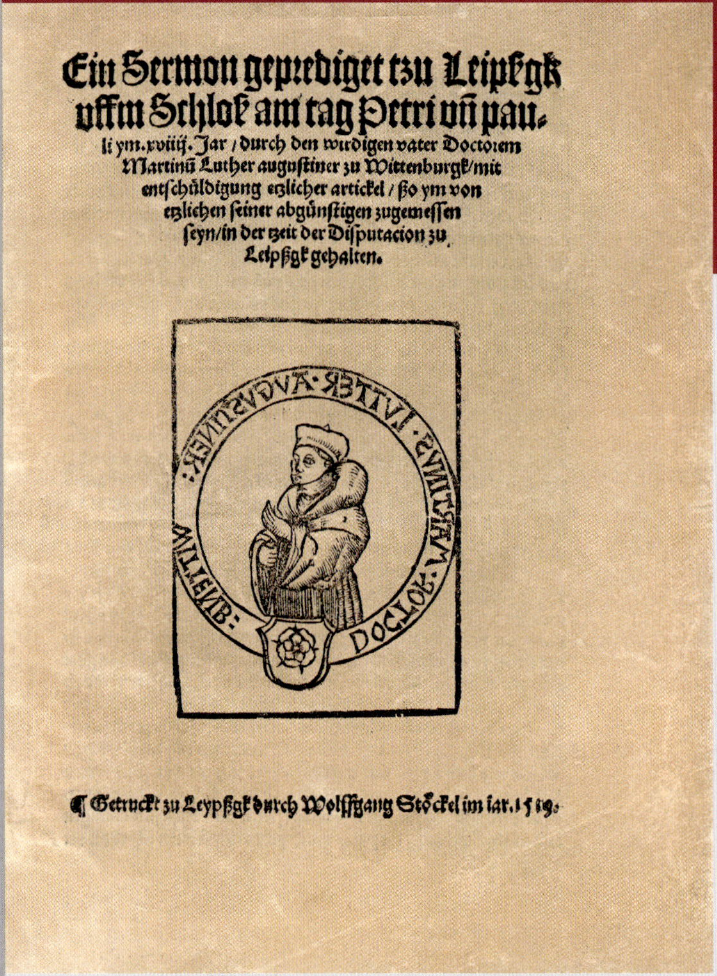
Ein Sermon geprediget tzu Leipßgk uffm Schloß am tag Petri vñ pauli ym.xviiij. Jar / durch den wirdigen vater Doctorem Martinũ Luther augustiner zu Wittenburgk/mit entschüldigung etzlicher artickel / ßo ym von etzlichen seiner abgünstigen zugemessen seyn/in der tzeit der Disputacion zu Leipßgk gehalten.

¶ Getruckt zu Leypßgk durch Wolffgang Stöckel im iar.1519.

6. Juli

Der tschechische Reformator Jan Hus, um 1370 geboren, war in mancherlei Hinsicht ein Vorläufer Luthers. Nach Studium in Prag und Priesterweihe (1400) wurde er 1402 Professor an der Prager Universität und 1409–10 auch deren Rektor. Beeinflusst durch die Lehren des englischen Theologen John Wyclif, trat Hus in seinen tschechischen Predigten in der Prager Bethlehemskapelle entschieden für eine Reform der Kirche ein und sah in der Bibel die einzige Autorität in Glaubensfragen. Nach Predigtverbot, Bann (1411) und Flucht aus Prag stellte er sich dem Konzil zu Konstanz und wurde, weil er seine Lehren nicht widerrufen wollte, dort am 6. Juli 1415 als Ketzer verbrannt *(Bild)*.

7. Juli

Der um 1460 in Heiligenstadt im Eichsfeld geborene Tilman Riemenschneider erlernte das Bildhauer- und Bildschnitzerhandwerk vermutlich in Straßburg und Ulm. Er nahm 1483 dauerhaft seinen Wohnsitz in Würzburg und war hier viermal verheiratet. Seine Meisterschaft als Künstler beförderte seinen Wohlstand und den sozialen Aufstieg zum Vorsteher seiner Zunft, Ratsmitglied und Bürgermeister. Jedoch brachte ihm seine Parteinahme für die Bauern im Bauernkrieg 1525 nach dem fürstlichen Sieg Haft, Folter, Verlust seiner Ämter und eines Teils seines Besitzes ein. Tilman Riemenschneider starb am 7. Juli 1531 in Würzburg *(Bild: Grabstein)*.

8. Juli

Anfänglich waren Riemenschneiders Schnitzfiguren noch farbig gefasst, später entschied er sich für eine monochrome honigfarbene Fassung. Neben großen Schnitzaltären schuf er auch steinerne Bildwerke, so das Grabmal für Kaiser Heinrich II. und seine Frau Kunigunde im Bamberger Dom und Grabmale für Fürstbischöfe im Würzburger Dom. Tilman Riemenschneider gilt als einer der bedeutendsten deutschen Bildhauer und Bildschnitzer an der Wende von der Spätgotik zur Renaissance. Das Bild zeigt seinen Marien-Altar (1505–1508) in der Herrgottskirche zu Creglingen.

9. Juli

Für seinen Briefverkehr verwendete Martin Luther die sog. Lutherrose als Siegel: „Das erst sollt ein Kreuz sein, schwarz im Herzen, das seine natürliche Farbe hätte, damit ich mir selbst Erinnerung gäbe, daß der Glaube an den Gekreuzigten uns selig machet. […] Solch Herz aber soll mitten in einer weißen Rosen stehen, anzuzeigen, daß der Glaube Freude, Trost und Friede gibt, darum soll die Rose weiß und nicht rot sein; denn weiße Farbe ist der Geister und aller Engel Farbe. Solche Rose stehet im himmelfarben Felde, daß solche Freude im Geist und Glauben ein Anfang ist der himmlische Freude zukünftig […]. Und in solch Feld einen goldenen Ring, daß solch Seligkeit im Himmel ewig währet und kein Ende hat und auch köstlich über alle Freude und Güter, wie das Gold das höchste, köstlichste Erz ist.“

10. Juli

Johannes Calvin (eigentlich Jean Cauvin) wurde am 10. Juli 1509 in der nordfranzösischen Stadt Noyon geboren *(Bild: Geburtshaus, Rekonstruktion)*. Sein Vater war Generalprokurator des Bischofs und des Domkapitels von Noyon, seine Mutter starb, als Calvin fünf Jahre alt war. Ab dem Sommer 1523 studierte er in Paris zunächst die sieben freien Künste. Danach absolvierte er in Orléans und Bourges das Jurastudium und schloss es als Lizenziat der Rechte ab. Daneben beschäftigte er sich autodidaktisch mit Theologie. Es folgten humanistische Studien in Paris, wo er mit den Gedanken Martin Luthers bekannt wurde. In diese Zeit fällt seine bewusste Entscheidung für die Reformation. Als 1534 die Evangelischen in Paris verfolgt wurden, floh Calvin nach Basel.

11. Juli

In seiner Regierungszeit als Herzog und später als Kurfürst gründete Moritz von Sachsen viele Fürsten- und Landesschulen und förderte den Ausbau der Universitäten Wittenberg und Leipzig. Im März 1552 griff Moritz zusammen mit anderen protestantischen Fürsten den Kaiser an und brachte ihn in Tirol in arge Bedrängnis, nachdem er sich der Hilfe des französischen Königs versichert hatte. Mit Kaiser Karls Bruder, König Ferdinand I., handelte er dann einen Vertrag zugunsten der Protestanten aus. Damit kamen auch sein Schwiegervater Philipp von Hessen und sein einstiger Gegner Johann Friedrich I. wieder frei. Kurfürst Moritz starb am 11. Juli 1553 an einer Verletzung, die er sich in der Schlacht bei Sievershausen zugezogen hatte.

12. Juli

Von 1514 bis 1529 lebte und wirkte der „Humanistenfürst" Erasmus in Basel, verließ die Stadt aber, als sich dort die Reformation durchsetzte. Nach einem Aufenthalt in Freiburg im Breisgau, wo er sich ein Haus kaufte, kehrte er 1535 nach Basel zurück und verstarb dort am 12. Juli 1536. Wegen seines hohen Ansehens wurde er trotz seiner Ablehnung der Reformation als katholischer Priester in dem inzwischen protestantisch gewordenen Basler Münster beigesetzt *(Bild: Grabstein)*. Erasmus war literarisch überaus produktiv, er schrieb etwa 150 Bücher, außerdem sind über 2000 Briefe von ihm erhalten.

13. Juli

Im März 1523 wurde Thomas Müntzer durch den Rat der Stadt auf eine Pfarrstelle in Allstedt berufen. Hier heiratete er Ottilie von Gersen, eine frühere Nonne. Am 13. Juli 1524 hielt er die sog. Fürstenpredigt zu Allstedt vor dem späteren Kurfürsten Johann dem Beständigen und dessen Sohn Johann Friedrich I. Darin versuchte er, seine Landesherren auf seine Seite zu ziehen und Martin Luther als ihren geistlichen Berater zu verdrängen. Zugleich verurteilte er die sozialen Missstände und engagierte sich für das einfache Volk. Daraufhin wurde ein Schutzbund seiner Anhänger verboten und die Allstedter Druckerei geschlossen; Müntzer floh nach Mühlhausen.

14. Juli

Wegen seiner Unterstützung der Bauern in ihrem von christlichen Hoffnungen getragenen Aufstand gegen ihre Unterdrückung sah die Staatsführung der ehemaligen DDR Thomas Müntzer als ersten deutschen Revolutionär an. In dem von marxistischen Historikern entworfenen Konstrukt einer „frühbürgerlichen Revolution“ hatte er einen festen Platz und wurde zeitweise propagandistisch gegen die Gestalt Luthers ausgespielt. Die Abbildungen zeigen ihn auf dem Fünf-Mark-Schein von 1975 und auf einem Briefmarken-Block (Erstausgabe 21. März 1989) der DDR. Neben wichtigen Orten seines Lebens ist dort auch das damals neu errichtete Panorama-Museum bei Frankenhausen eingezeichnet.

15. Juli

Die Stadt Erfurt, 742 erstmals urkundlich erwähnt, entwickelte sich im ausgehenden Mittelalter zu einer der bedeutendsten Großstädte im Deutschen Reich. Grundlage des Reichtums war der Handel unter anderem mit Färberwaid, einer Färberpflanze, aus der die Farbe Indigo gewonnen wurde. Luther sagte über die Stadt, in der er rund zehn Jahre seines Lebens verbrachte: „Erfurt steht am besten Orte, ist eine Schmalzgrube.“ Auch in geistiger Hinsicht war Erfurt bedeutend, denn 1392 war hier eine der ältesten deutschen Universitäten gegründet worden und Ende des 15./Anfang des 16. Jh. war eine Blütezeit des Humanismus in dieser Stadt *(Bild: Erfurt, Holzschnitt von 1493)*.

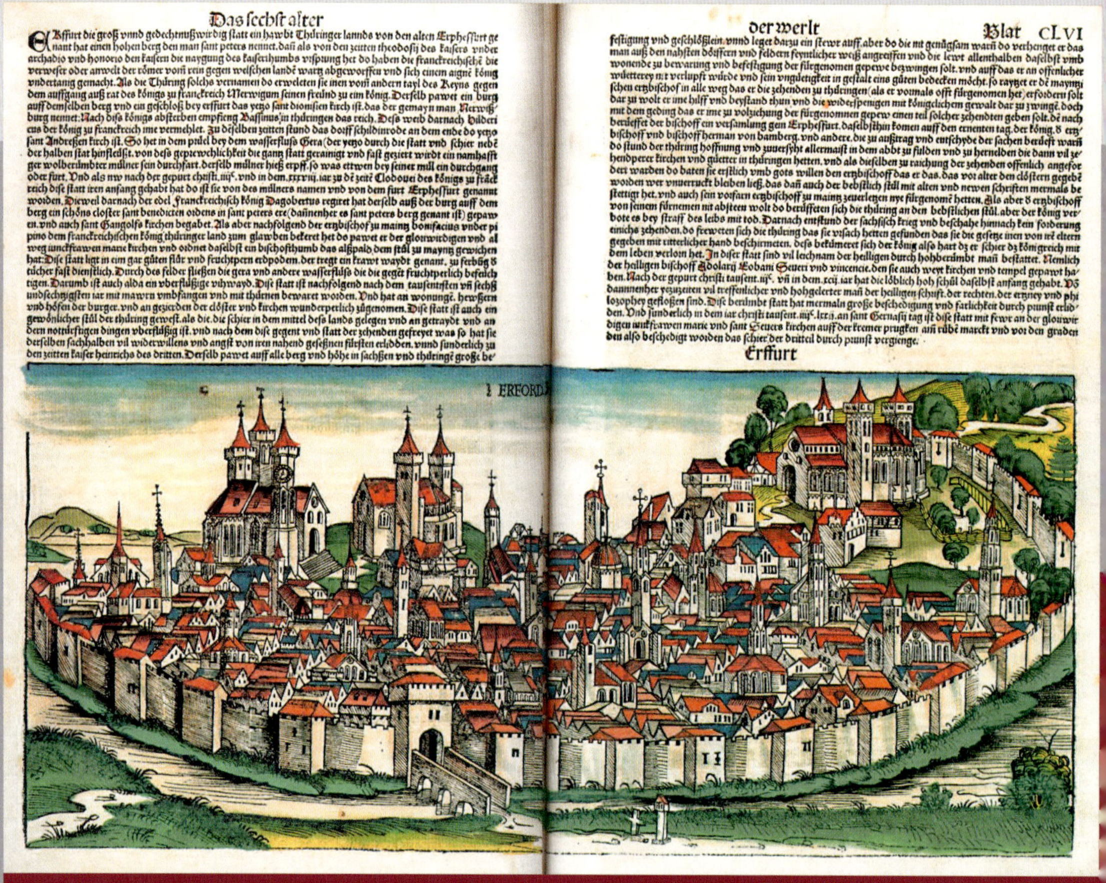

16. Juli

In Erfurt sind noch einige Studentenbursen aus dem ausgehenden Mittelalter zu finden. Diese waren Unterkünfte für studentische Wohn- und Lebensgemeinschaften. Martin Luther hat zwischen 1501 bis 1505 die Georgenburse bewohnt, die 1456 erstmals urkundlich erwähnt wird. Von dem einstigen Gebäudekomplex ist nur noch ein Haus erhalten, das heute als Pilgerherberge und Begegnungsstätte dient.

17. Juli

Am 17. Juli 1505 trat Martin Luther in das Erfurter Augustiner-Eremitenkloster ein. Es war bekannt für die dort geübte strikte Befolgung der Mönchsregeln und ein hohes Niveau seiner Theologen. Das Bild zeigt einen Blick durch die Comthurgasse auf die Klostermauer und Pforte sowie das ehemalige Gäste- und Novizenhaus des Klosters, in dem Luther vermutlich mehrere Monate zu Beginn seines Klosteraufenthalts lebte.

18. Juli

Der heute sog. Renaissancehof des Augustinerklosters befindet sich bei dem ehemaligen Gäste- und Novizenhaus. Vor hier blickt man auf den Ostflügel des Klosters, in dessen Obergeschoss sich früher das Dormitorium, der Schlafsaal der Mönche, befand.

19. Juli

Die Zellen im Augustinerkloster dienten den Mönchen als Orte des Rückzuges, des Gebetes und der Meditation. Luther soll nacheinander vier Zellen in dieser Weise genutzt haben, von denen aber keine erhalten ist. Die heute im Kloster gezeigte Zelle Martin Luthers ist eine Rekonstruktion.

20. Juli

Sieht man von einer Titelvignette zu einer Schrift zur Leipziger Disputation ab, ist dies das älteste Lutherbild. Es zeigt den Reformator im Alter von 37 Jahren als Mönch mit markanten Zügen, hervortretenden Wangenknochen und tief liegenden Augen. Die Bildunterschrift lautet übersetzt: „Ein ewiges Abbild seines Geistes drückte Luther selbst aus, Cranach zeichnete nur die äußerliche und sterbliche Gestalt." Von dem Kupferstich existieren nur wenige Probedrucke, wahrscheinlich war dieses Lutherbild dem kurfürstlichen Hof zu kämpferisch und provokativ. Cranach ersetzte es wenig später durch eine abgemilderte Variante, die Luther mit weicheren Gesichtszügen in einer Bogennische zeigt, in der einen Hand die Bibel, die andere zu einer verhaltenen Geste erhoben.

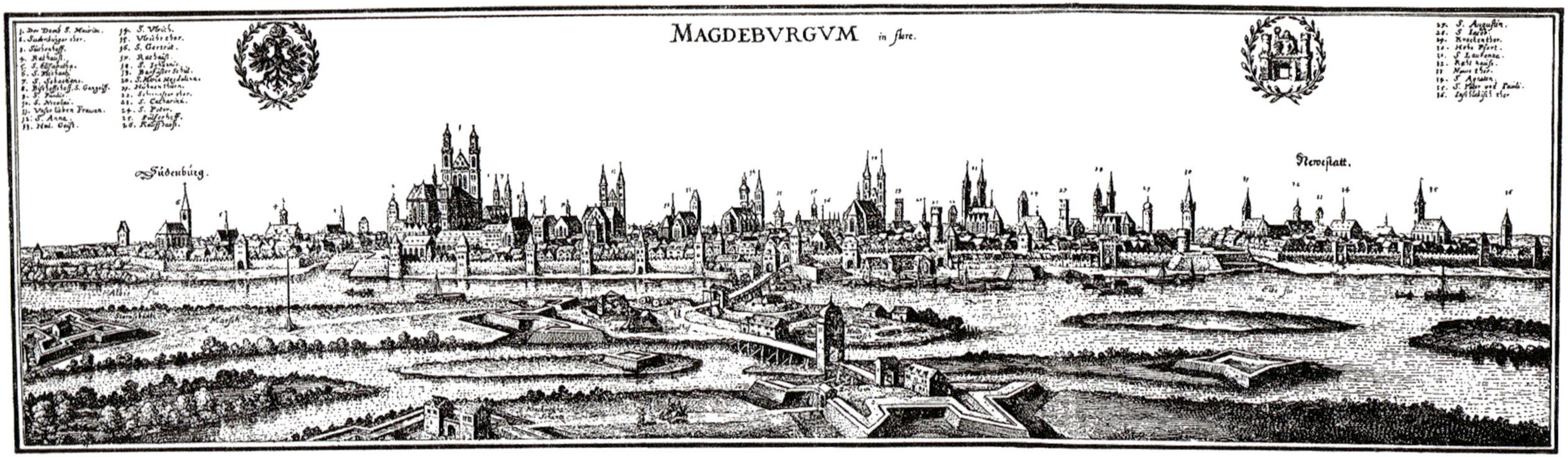

21. Juli

Bis auf die Stiftskirche St. Sebastian, St. Nicolai, St. Gangolphi , die zum Domkapitel gehörten, sowie die Klöster der Franziskaner, Dominikaner und Prämonstratenser, die zunächst katholisch blieben, bekannten sich am 17. Juli 1524 alle Kirchen der Stadt Magdeburg *(Bild: Merianstich von 1654)* zum evangelischen Glauben. 1563 trat dann auch der Erzbischof zur lutherischen Lehre über und 1567 wurde im Dom der erste evangelische Gottesdienst gefeiert. Magdeburg, eine der bedeutendsten Städte im Reich, wurde so zu einer Hochburg des deutschen Protestantismus und bekam den Beinamen „Unseres Herrgotts Kanzlei".

22. Juli

Martin Luther suchte als Distriktsvikar des Augustinerordens 1516 das Augustiner-Kloster in Magdeburg zu einer Visitation auf. Acht Jahre später, am 24. Juni 1524, predigte er in der Kirche des Klosters und wohnte während seines Aufenthalts in Magdeburg auch in einer der Klosterzellen. Noch im selben Jahr übergab der letzte Prior die Klosteranlage der Stadt Magdeburg, womit das Kloster als solches aufgelöst war. Da die Kirche nach teilweiser Zerstörung im Dreißigjährigen Krieg 1690 wallonisch-reformierten Glaubensflüchtlingen übergeben wurde, wird sie seit dieser Zeit als „Wallonerkirche" *(Bild)* bezeichnet.

23. Juli

Angesichts der Bedrohung des Reichs durch die Osmanen lenkte Kaiser Karl V. in seiner Religionspolitik gegenüber den Protestanten 1532 vorübergehend ein und fand sich zu einem befristeten Friedensschluss mit ihnen bereit. Dieser erfolgte am 23. Juli 1532 in Nürnberg *(Bild: Holzschnitt von 1493)* und hieß daher *Nürnberger Religionsfrieden* oder *Nürnberger Anstand*. Das Wormser Edikt war damit aufgehoben und die Verfolgung der Protestanten wurde eingestellt. Im Gegenzug sagten die Evangelischen dem Kaiser Hilfe gegen die Türken zu.

24. Juli

Der Lutherweg ist ein Gemeinschaftsprojekt von Kirchen, Tourismusverbänden, Kommunen usw. in den Bundesländern Sachsen-Anhalt, Sachsen, Thüringen, Bayern und Hessen. Pilger, Wanderer und andere Besucher kommen auf dem Lutherweg durch Orte der Reformation und an Plätze, die für die reformatorische Bewegung eine besondere Bedeutung haben. Eine Station auf dem Lutherweg in Sachsen-Anhalt ist die stauferzeitliche Doppelkapelle „Sanctae Crucis" (um 1170), die zu einer nicht erhaltenen ehemaligen Höhenburg in Landsberg bei Halle/Saale gehörte. Im zweiten Obergeschoss der Kapelle soll Luther einmal übernachtet haben.

25. Juli

Luther kam im Sommer 1498 nach Eisenach und besuchte dort bis zum Frühjahr 1501 die Pfarrschule St. Georg. Die Stadt war nach der sagenumwobenen Gründung der Wartburg durch Ludwig den Springer im 11. Jh. am Fuße des Berges entstanden. Ihre Lage an der Kreuzung von Fernhandelsstraßen führte im Mittelalter zum wirtschaftlichen Aufschwung, dessen Höhepunkt um 1500 aber schon überschritten war. Luther predigte hier vor und nach seinem Aufenthalt in Worms 1521 und nannte Eisenach später „meine liebe Stadt“. Der Merianstich von 1647 zeigt auf der höchsten Erhebung oberhalb der Stadt die Wartburg.

26. Juli

Bei seinem Aufenthalt in Eisenach 1498–1501 kam Luther wohl zunächst bei Verwandten seiner Mutter unter. Zu seinem Lebensunterhalt verdiente er sich als Kurrendesänger etwas hinzu. In diesem Zusammenhang soll er die junge Ratsherrengattin Ursula Cotta kennengelernt haben. Sie war die Tochter des Kämmerers, Ratsherrn und Bürgermeisters der Stadt, Heinrich Schalbe. Ursula war mit Conrad I. (Cunz) Cotta verheiratet, dessen Familie mehrere Häuser in der Stadt besaß, unter anderem das heutige Lutherhaus *(Bild)*. Es gilt als sehr wahrscheinlich, dass Martin Luther als Schüler dort tatsächlich zeitweilig in Kost und Logis war.

27. Juli

Luther kümmerte sich wohl um die schulischen Dinge von Ursula Cottas jüngerem Bruder, Caspar Schalbe. So kann man Luthers spätere Erinnerung verstehen: „Hier kam ich in das Haus eines Eisenacher Bürgers Heinrich Schalbe, dessen Sohn ich zur Schule führen musste. Und ich fand Unterkunft bei einer andächtigen Matrone, die um meines andächtigen Singens und Betens willen eine sehnliche Zuneigung zu mir trug. Das war Frau Ursula Cotta." Das Historienbild (1872) von Wilhelm Ferdinand Pauwels stellt die erste Begegnung in romantisch-idealisierender Weise dar.

28. Juli

Der um 1485 geborene Thomas Cromwell war von einfacher Herkunft, stieg aber unter Heinrich VIII. in höchste Ämter auf und wurde schließlich 1536 Lordsiegelbewahrer. Auf Cromwells Betreiben hin nahm das Parlament die Suprematsakte an, die den König zum Oberhaupt der anglikanischen Kirche machte. Er selbst wurde Generalvikar und gilt als Konstrukteur der staatskirchlichen Gesetzgebung. In diesem Zusammenhang bereicherte er Staat und Krone durch die Auflösung der Klöster. Als Führer der protestantischen Partei am Hof wurde Cromwell jedoch zur Zielscheibe von Intrigen seiner katholischen Gegner, sodass er bei Heinrich VIII. in Ungnade fiel und als Hochverräter und Ketzer am 28. Juli 1540 in London hingerichtet wurde. Der König soll dies später bereut haben *(Bild: Porträt von Hans Holbein d. J.)*.

29. Juli

Das Reformationsdenkmal in der Nähe der Universität von Genf wurde zwischen 1909 und 1917 errichtet und besteht aus einer etwa 100 m langen Skulpturenwand mit den Namen der Reformatoren und ihrer Vorläufer. Wichtige Ereignisse aus der Geschichte der Calvinisten sind in Reliefs dargestellt, denen kleine Statuen von Persönlichkeiten zugeordnet sind, die mit diesen Ereignissen in Zusammenhang stehen. Der Wappenspruch des reformierten Genf POST TENEBRAS LUX („Nach der Dunkelheit Licht") zieht sich als Inschrift über das Denkmal.

30. Juli

In der Mitte des Genfer Reformationsdenkmals ist im Sockel die griechische Abkürzung des Namens Jesus (IHΣ) eingemeißelt. Darüber stehen die vier großen, wuchtigen Skulpturen der Reformatoren Genfer Tradition: Guillaume Farel, Johannes Calvin, Theodor Beza und John Knox, während die Namen von Luther und Zwingli in die Seitenmauern des Denkmals eingemeißelt sind.

31. Juli

Nachdem Ignatius von Loyola 1537 in Venedig zum Priester geweiht worden war, ging er nach Rom und verschrieb sich dort ganz dem Aufbau der Gesellschaft Jesu *(Societas Jesu)*, die 1540 von Papst Paul III. als Orden bestätigt wurde und deren erster Ordensgeneral Ignatius ab 1541 war. Die Jesuiten waren in Anlehnung an militärische Ordnungen und Vorschriften straff organisiert und wurden schnell zum Träger der Gegenreformation in Europa. Ignatius starb am 31. Juli 1556 in Rom. Das Bild zeigt seinen pompösen Grabaltar in der dortigen Mutterkirche der Jesuiten, Il Gesù.

1. August

In der Schrift „Von der babylonischen Gefangenschaft der Kirche" (lat. *De captivitate Babylonica ecclesiae*), die eines der Grunddokumente reformatorischer Theologie darstellt, stellt Martin Luther 1520 die bisherige kirchliche Sakramentslehre in Frage. So sei das Abendmahl durch den Entzug des Laienkelchs und bestimmte theologische Interpretationen in eine Gefangenschaft der Kirche geraten und diene ihr dazu, die Gläubigen in Abhängigkeit zu halten. Von den sieben römisch-katholischen Sakramenten lässt Luther nur Taufe und Abendmahl als von Christus eingesetzt und mit einem sichtbaren Zeichen verbunden gelten. Die Buße (Beichte) ordnete er letztlich als Rückkehr zur Taufe diesem Grundsakrament zu.

2. August

Der Altar für die Stadt- und Pfarrkirche St. Marien in Wittenberg ist ein Werk Lucas Cranachs d. Ä. und Lucas Cranachs d. J. Er wurde einer alten Überlieferung zufolge am 24. April 1547 aufgestellt. Das Retabel entstand im Dialog mit den Wittenberger Reformatoren und spiegelt den Kern ihrer Theologie wider, wie er im 7. Artikel der Confessio Augustana zusammengefasst wurde. Daher wird es mit Recht auch Reformationsaltar genannt und ist das bedeutendste Kunstwerk dieser Bewegung. Auf der Mitteltafel und den beiden Flügeln sind die drei Sakramente Taufe, Abendmahl und Buße (Beichte) dargestellt, die Predella zeigt die Auslegung der Heiligen Schrift durch Martin Luther.

3. August

Das Thema der Predella des Reformationsaltars ist die Auslegung der Heiligen Schrift. Christus ist das Fundament des Glaubens und die Grundlage des kirchlichen Handelns. Daher steht seine Kreuzigung im Zentrum, auf sie weist Martin Luther predigend mit seiner rechten Hand, während die linke auf der Bibel liegt. Auf der anderen Seite ist die Wittenberger Gemeinde versammelt, vorne Katharina von Bora mit ihrem Sohn Johannes, hinter ihr, aus dem Bild herausschauend, vielleicht die früh verstorbene Tochter Magdalena und, als Erster in der Reihe der Männer an der Wand stehend, vermutlich Lucas Cranach d. Ä.

4. August

Die Taufe ist das Thema des linken Seitenflügels des Reformationsaltars. Bemerkenswert ist, dass Philipp Melanchthon, der doch kein ordinierter Pastor war, ein Kind tauft. Soll hier auf das allgemeine Priestertum der Gläubigen hingewiesen werden? Rechts neben Melanchthon ist vermutlich Luthers Mitarbeiter an der Bibelübersetzung, Caspar Aquila, dargestellt, der Markus 16,16 in Latein und Deutsch aufgeschlagen hält. Der Taufpate links ist wohl Lucas Cranach d. Ä., die Frau im kostbaren Pelzmantel neben ihm könnte seine Frau Barbara sein. Man hat sie auch in der nahezu gleich gekleideten Frau in der vorderen Bildmitte vermutet.

5. August

Die Mitteltafel des Reformationsaltars zeigt das Abendmahl in einer ungewöhnlichen Form – Christus und die Jünger sitzen an einem runden Tisch in einem offenen Saal, der Blick ins Freie zeigt eine weite Flusslandschaft mit einer Burg, in der man die Wartburg vermutet. Petrus, Johannes und Judas sind traditionell dargestellt, während die übrigen Jünger wohl die Gesichter Wittenberger Honoratioren haben. Rechts vorne füllt ein junger Mann, in dem man Lucas Cranach d.J. vermutet, Martin Luther (als Junker Jörg) den Becher, daneben sitzt der Buchdrucker und Verleger Hans Lufft. Die umlaufende Steinbank öffnet sich dort, wo sich Judas, dem Christus einen Bissen in den Mund schiebt (Joh 13,26), zu gehen anschickt.

6. August

Luther behielt die Bußpraxis der Ohrenbeichte bei. Sie ist auf dem rechten Seitenflügel des Reformationsaltars dargestellt: Johannes Bugenhagen, der erste evangelische Pfarrer an St. Marien, sitzt im offenen Beichtstuhl und übt das „Amt der Schlüssel" (Mt 16,19) aus. Wer bußfertig ist, wie der links von ihm kniende Bürger, dem wird die Vergebung zugesprochen und gleichsam der Himmel aufgeschlossen. Dem nach rechts abgehenden, reich gekleideten Mann mit dem knorrig-trotzigen Gesicht hingegen wird der Schlüssel verkehrt herum in den Rücken gestoßen, denn er bereut offenbar seine Sünden nicht und so bleiben ihm die Hände symbolisch gefesselt.

7. August

Im Zuge des in Rom gegen Luther in Gang gesetzten Häresieprozesses erhielt dieser am 7. August 1518 eine Vorladung, wonach er nach Rom zu kommen und sich dort zu verantworten habe. Sein Landesherr, Kurfürst Friedrich der Weise *(Bild: Kupferstich von Albrecht Dürer, 1524)*, musste fürchten, den wichtigsten Professor seiner Universität zu verlieren, da dessen Wiederkehr bei solch einem Prozess höchst ungewiss war. Er setzte daher durch, dass Luther nicht in Rom, sondern in Deutschland verhört werden sollte.

8. August

Kaiser Karl V. verfolgte das Ziel einer Universalmonarchie, verbunden mit der Stärkung der kaiserlichen Macht gegenüber den Reichsständen. Zugleich kämpfte er mit Frankreich um die Vorherrschaft in Europa und versuchte das Abendland vor den Osmanen zu schützen. Nicht zuletzt durch die Reformation scheiterte er in vielen seiner Pläne. Durch Krankheit zusätzlich geschwächt, dankte Karl V. resigniert am 8. August 1556 de facto ab (offiziell am 12. September) und übertrug die Herrschaft im Reich seinem Bruder Ferdinand. Zuvor hatte er die burgundisch-niederländische und die spanische Herrschaft seinem Sohn Philipp II. überlassen. Er selbst zog sich in das spanische Kloster San Jerónimo de Yuste im Südwesten Spaniens zurück, wo er am 21. September 1558 verstarb.

9. August

Nur wenige Künstler haben es gewagt, das Grauen des Massensterbens bei der Sintflut so drastisch darzustellen, wie es Hans Baldung, genannt Grien, in dem Bild „Die Sintflut" (1516) tat. Durch das Hochformat wird eine Konzentration der Schreckensszenen bewirkt. Die Arche beherrscht die Bildmitte als ein großer, kunstvoller Holzkasten im Renaissancestil. Einige Verzweifelte klammern sich vergeblich an ihm fest. Ringsum versinken Menschen und Tiere in den unaufhaltsam steigenden Fluten. Die Atmosphäre absoluter Hoffnungslosigkeit wird dadurch verstärkt, dass sich von links schwarze Wolkenmassen ins Bild schieben, aus denen dichter Regen herabstürzt, während sich rechts die trostlose Wasserfläche bis zum Horizont dehnt. Das Bild ist auch Ausdruck für die Bedrohungen und Ängste der Zeit.

10. August

Geboren wurde Cajetan als Tommaso de Vio am 20. Februar 1469 in Gaëta, später nannte er sich nach seinem Geburtsort Gaëtanus, daher Cajetan. Von 1508 bis 1518 war er Ordensgeneral der Dominikaner und Begründer des Neuthomismus in der Renaissance. Als solcher war er Autor zahlreicher Schriften, unter anderem zur Ablasslehre. Berühmt wurde er durch die Unterredung mit Martin Luther am Rande des Augsburger Reichstages im Oktober 1518, die er als päpstlicher Legat im Auftrag der Kurie führte. Selbst von der Unfehlbarkeit des Papsttums überzeugt, forderte er Luther auf, seine 95 Thesen zu widerrufen. Kardinal Cajetan starb am 10. August 1534 in Rom.

11. August

Der Name Johann Tetzels wird wohl für immer mit der Reformation verbunden bleiben, weil sein Wirken als Ablasshändler ein Anlass für Martin Luthers diesbezügliche Thesen war. Geboren wurde Tetzel um 1460 als Sohn eines Goldschmiedes in Pirna. 1482/83 begann er ein Theologiestudium in Leipzig und trat 1489 in das dortige Dominikanerkloster St. Pauli ein. Ab 1504 ist er als Ablasshändler in Sachsen, aber auch im süddeutschen Raum und Österreich nachweisbar. Von Kardinal Albrecht von Brandenburg wurde er ab 1517 als Generalsubkommissar mit dem Petersablass in den Bistümern Magdeburg und Halberstadt betraut und kam als solcher unter anderem nach Zerbst, Halle und Jüterbog. Auf Luthers Kritik am Ablasswesen reagierte Tetzel scharf. Er starb am 11. August 1519 in Leipzig.

12. August

Obwohl dem bußfertigen Sünder seine Sünden grundsätzlich vergeben waren, sodass ihm die ewige Verdammnis erspart blieb, musste er nach katholischer Auffassung zeitlich begrenzte Strafen ertragen, sei es im Diesseits oder im Fegefeuer. Diese Strafen konnten ihm unter bestimmten Bedingungen erlassen werden. Solchen Ablass konnte der Gläubige durch Bußwerke (z. B. eine Wallfahrt) nicht nur für sich selbst, sondern auch für Verstorbene, die man im Fegefeuer wähnte, gewinnen. Der Ablass wurde von der zuständigen kirchlichen Behörde in einem sog. Ablassbrief *(Bild)* bestätigt. Dass ein solcher statt für Bußwerke auch für Geld ausgestellt werden könnte, wurde von der römischen Kirche als Einkommensquelle entdeckt und führte zu dem Missbrauch, den Luther anprangerte.

13. August

Mit Einkünften aus dem Ablasshandel wollte Papst Leo X. beträchtliche Geldsummen aus ganz Europa nach Rom lenken, um sie unter anderem für den Bau des Petersdomes zu verwenden. Die abgebildete Karikatur (um 1530) ist mit einem Text verbunden: „Ein Frag an eynen Müntzer/ wahin doch sovil Geltz kumme das man alltag müntzet […]". Der Münzschläger beantwortet die Frage nach dem Verbleib des vielen Geldes mit Hinweis auf den Papst und seinen Ablasshandel: „Umb böse war [Ware] gut gelt er nimpt […]", wobei rechts schon die Ablasshändler zu sehen sind, die einen Ablassbrief ans Kreuz geheftet haben.

14. August

Vom 14. August bis zum 12. September 2010 war in Wittenberg die Installation „Martin Luther – Hier stehe ich" mit 800 Luther-Figuren des Künstlers Ottmar Hörl zu sehen. „Ich multipliziere Luthers Präsenz, sodass sich seine Ideen in Gestalt des Symbolträgers in die ganze Welt verteilen können. Das mobile Luther-Denkmal wird zum Luther-Botschafter", erklärt Ottmar Hörl. „Mit der Installation auf dem Marktplatz von Wittenberg bringe ich Martin Luther wieder auf den Boden, auf dem er selbst gerne stand. […] Die Multiplizierung schafft eine Präsenz, die ihm und der Auslegung seiner Lehre gerecht wird. Sie steht als Anregung und soll zu einer ganz persönlichen und undogmatischen Auseinandersetzung führen."

15. August

Auf dem Marktplatz von Wittenberg stehen vor dem Renaissance-Rathaus die Denkmale für Melanchthon (links) und Luther (rechts). Mit dem 1821 eingeweihten Lutherdenkmal von Johann Gottfried Schadow wurde erstmals in Deutschland ein nichtadliger Mensch mit einem freistehenden Standbild öffentlich geehrt. Der gusseiserne Baldachin stammt von Karl Friedrich Schinkel. Das Denkmal für Philipp Melanchthon wurde von Friedrich Drake geschaffen, den Baldachin entwarf Johann Heinrich Strack, und die Einweihung erfolgte 1865. Beide Reformatoren sind barhäuptig und im Talar dargestellt, Luther mit der aufgeschlagenen Bibel in den Händen, Melanchthon hält die Rolle des Augsburgischen Bekenntnisses.

16. August

Herzog Johann aus der ernestinischen Linie des Hauses Wettin wurde am 13. Juni 1468 in Meißen geboren und regierte ab 1486 zusammen mit seinem Bruder Friedrich III. in gutem Einvernehmen das Kurfürstentum Sachsen. Nach dessen Tod 1525 setzte er als Kurfürst die maßvolle und ausgleichende Politik fort. Dies trug ihm den Beinamen „Der Beständige" ein. Anders als sein Bruder engagierte sich Kurfürst Johann aber offen für die Reformation. Er schloss ein Verteidigungsbündnis mit dem ebenfalls protestantischen Landgrafen Philipp von Hessen und gründete mit diesem 1531 den Schmalkaldischen Bund. Johann der Beständige starb am 16. August 1532 und wurde wie sein Bruder Friedrich in der Schlosskirche zu Wittenberg beigesetzt.

17. August

Johann Friedrich I. von Sachsen, geboren am 30. Juni 1503 in Torgau, regierte nach dem Tod seines Vaters 1532 das Kurfürstentum Sachsen und setzte die Politik des Ausgleichs fort. Er förderte die Universität Wittenberg und den geistig-religiösen wie institutionellen Aufbau der Landeskirche. Dabei wurde er von Martin Luther beraten und seelsorgerlich begleitet. Ebenso unterstützte ihn Melanchthon beim Ausbau des Schul- und Erziehungswesens. Als ein Führer des Schmalkaldischen Bundes und damit der Protestanten bemühte Johann Friedrich sich einerseits um Mäßigung. Jedoch ließ er sich andererseits zu territorialpolitisch zweifelhaften Unternehmungen hinreißen, was die Spannungen mit dem Kaiser in den ohnehin politisch schwierigen Zeiten verstärkte.

18. August

Mit Papst Alexander VI. gelangte das Papsttum an einen Tiefpunkt, denn der am 1. Januar 1431 bei València geborene Spanier Rodrigo Borgia war ebenso machthungrig wie skrupellos. Durch Bestechung und Ämterkauf (Simonie) gelangte er am 11. August 1492 als Alexander VI. auf den Papstthron und missbrauchte sein Amt u.a. zur Versorgung seiner Kinder. Dabei schreckte er ebenso wenig wie sein Sohn Cesare vor Mord und anderen Verbrechen zurück, um seine Macht und den Bestand des Kirchenstaates zu mehren. Sein ausschweifender Lebenswandel wurde von vielen Zeitgenossen kritisiert. Alexander VI. starb am 18. August 1503 in Rom.

19. August

Die Karikatur stellt Papst Alexander VI. als teuflisches Wesen mit Widderhörnern, fratzenhaftem Gesicht, dürren Armen und klauenartigen Händen dar. Die Brust ist ein Raubvogelgesicht mit brennenden Augen. An das Papstamt erinnern die Schuhe und der kostbare Mantel, der allerdings ebenso wie die päpstliche Dreifachkrone (Tiara) in höllischen Flammen steht. In der Rechten hält der Papst-Teufel eine Art Enterhaken mit einer Galgenschlinge, über ihm steht in Latein „Ego sum papa“ (Ich bin Papst). Die drastische Darstellung spiegelt den Hass wider, den Alexander VI. auf sich gezogen hatte.

20. August

Georg von Frundsberg wurde am 24. September 1473 bei Mindelheim geboren und begann mit 19 Jahren seine kriegerische Laufbahn. Früh erkannte er die Entwicklung zum lanzenbewehrten Massenkampf und wurde so zum „Vater der Landsknechte". 1502 wurde Frundsberg zum Ritter geschlagen. Karl V. bestätigte ihn als Heerführer in seinen Ämtern und übertrug ihm den Oberbefehl gegen Frankreich. Nach großen Erfolgen in den Italienkriegen konnte er im Winter 1526/27 seinen Landsknechten keinen Sold zahlen, was am 16. März 1527 bei Bologna zur offenen Revolte führte. Frundsberg erlitt dabei einen Schlaganfall, von dem er sich nicht wieder erholte, und starb am 20. August 1528 auf der Mindelburg.

21. August

Lucas Cranach d.J. zeigt im Gemälde zu Lukas 3,1–20 „Die Predigt Johannes des Täufers" (1549) diesen auf einer Art „Naturkanzel". Die frische Schnittfläche des Baumstumpfes könnte andeuten, dass „die Axt schon den Bäumen an die Wurzel gelegt" sei (Vers 9). Viele der – ausschließlich männlichen – Zuhörer tragen Rüstungen, sind also Soldaten und deren Befehlshaber. Des Täufers Ermahnung an sie findet sich in erweiterter Form auf einem großen Schriftfeld rechts oberhalb von ihm. Rechts der Mitte sieht man vornehm gekleidete Bürger und Adelige mit Degen, Wohlhabende also, die in Vers 11 angesprochen werden. Deren Gesichter spiegeln die unterschiedlichen Haltungen zur Predigt des Johannes, wobei Skepsis und verhaltene Ablehnung zu überwiegen scheinen.

22. August

Andreas Bodenstein, genannt Karlstadt (nach dem Ort, wo er um 1486 geboren wurde), hatte in Erfurt, Köln und zuletzt in Wittenberg studiert, wo er Dekan der Theologischen Fakultät wurde und später auch ein Anhänger und Mitstreiter Luthers. Nach den Wittenberger Unruhen 1522 begannen sich ihre Wege zu trennen. Karlstadt wurde Pfarrer in Orlamünde, doch gab es weiterhin Spannungen mit Luther, die auch bei einem Treffen in Jena am 22. August 1524 nicht ausgeräumt werden konnten. Auf Betreiben Luthers wurde Karlstadt im September 1524 aus Kursachsen ausgewiesen und führte ein unstetes Leben in verschiedenen oberdeutschen Städten, aus denen er immer wieder ausgewiesen wurde.

23. August

Ulrich von Hutten schloss sich 1520 dem Söldnerführer Franz von Sickingen an, der die Reformation unterstützte, und war mit diesem auch auf dem Reichstag zu Worms 1521, wo er für Luther Partei ergriff. Nach Niederlage und Tod Sickingens im Krieg gegen das Kurfürstentum und Erzbistum Trier wurde auch über Hutten die Reichsacht verhängt. Er floh in die Schweiz, wurde von Zwingli aufgenommen und starb am 23. August 1523 auf der Insel Ufenau im Zürichsee an einer Syphiliserkrankung. Das Bild zeigt die letzte Ruhestätte Huttens – die Kirche St. Peter und Paul auf der Insel Ufenau.

24. August

Elisabeth von Brandenburg, die spätere „Reformationsfürstin“, wurde am 24. August 1510 in Cölln geboren und im Alter von 15 Jahren mit dem 40 Jahre älteren Herzog von Braunschweig-Calenberg-Göttingen, Erich I., verheiratet. 1534 begegnete sie erstmals Martin Luther. Seit ihrem Übertritt zum Protestantismus 1538 stand sie mit ihm in ständigem Briefkontakt. Nach dem Tod ihres Mannes setzte sie während ihrer Vormundschaftsregentschaft 1540–1546 die Einführung der Reformation im gesamten Fürstentum Calenberg-Göttingen durch. Ab 1555 lebte sie bei ihrem zweiten Ehemann Poppo von Henneberg in Ilmenau, wo sie am 25. Mai 1558 starb.

25. August

Tizian (Tiziano Vecellio), einer der bedeutendsten Meister der italienischen Hochrenaissance, wurde um 1488 in Pieve di Cadore geboren und in Venedig zum Maler ausgebildet, wo er 1513 eine eigene Werkstatt eröffnete. Neben großen Altarbildern, die in Komposition und Figurenauffassung neuartig waren, schuf Tizian auch mythologische Szenen voll überschäumender Sinnenfreude. Kaiser Karl V. erhob ihn 1533 in den Adelsstand und ernannte ihn zu seinem Hofmaler. Rasch wurde Tizian zum begehrtesten Porträtisten Europas. Der Reichtum seiner Farbkultur wirkte prägend auf zeitgenössische und nachgeborene Malergenerationen. Tizian starb am 27. August 1576 in Venedig an der Pest *(Bild: Selbstporträt)*.

26. August

Eine Quelle des Reichtums der sächsischen Fürsten war der Silbererzbergbau. Wichtige in einem Bild vermittelten Informationen hierzu finden sich auf der berühmten Rückseite des Annaberger Bergaltar-Retabels, 1522/23 geschaffen von dem spätgotischen Maler Hans Hesse. Dargestellt sind eine damalige Bergbaulandschaft mit Stollenmundlöchern, Förderhaspeln, Karrenläufern, Schutzhütten (Kauen) sowie auf den Seitentafeln das Erzwaschen, die Verhüttung und die Münzprägung. Die Vorderseite des Retabels zeigt geschnitzte Passionsszenen, eine Weihnachtsdarstellung und auf den Außentafeln Szenen aus dem Leben Mariens. Der Altar befindet sich in Annaberg-Bucholz in der St.-Annen-Kirche, die seit 1539 evangelisch ist.

27. August

Der nachmalige Herzog Georg wurde am 27. August 1471 in Meißen geboren und herrschte nach dem Tod seines Vaters 1500 klug und umsichtig allein über das albertinische Sachsen. Er war gebildet und an theologischen Fragen interessiert, so fand die Leipziger Disputation 1519 in seiner Gegenwart statt. In die Geschichte ist Georg der Bärtige vor allem als erbitterter Gegner Luthers und der Reformation eingegangen. Seine Versuche, ihr Vordringen in sein Herrschaftsgebiet zu verhindern, scheiterten jedoch. 1525 war er einer der Fürsten, die das Bauernheer Thomas Müntzers bei Frankenhausen vernichtend schlugen. Im Zusammenhang mit Silbererzfunden ließ Georg die Stadt Annaberg im Erzgebirge gründen, die auch Münzstätte wurde. Er starb am 17. April 1539 in Dresden.

28. August

Nachdem Melanchthon im Alter von zwölf Jahren 1509 die Universität Heidelberg bezogen hatte, setzte er 1512 seine Studien in Tübingen fort und erwarb hier 1514 den Magistergrad. In Tübingen wurde Melanchthon auch erstmals publizistisch tätig und veröffentlichte eine Ausgabe des antiken Komödiendichters Terenz und eine griechische Grammatik. Als Kurfürst Friedrich der Weise einen Professor für den neuen Griechisch-Lehrstuhl an seiner Universität suchte, empfahl ihm Johannes Reuchlin den hochbegabten Philipp Melanchthon. Dieser stieß am 28. August 1518 mit seiner Antrittsrede über die Studienreform in Wittenberg allseits auf Begeisterung. Luther wurde sein theologischer Lehrer und Freund, beide arbeiteten bis zu dessen Tod eng und effektiv zusammen *(Bild: Porträtgrafik von Albrecht Dürer)*.

29. August

Das Wittenberger Universitätsgebäude „Neues Collegium“ (1509/10) in der Collegienstraße 62 ist nicht mehr original erhalten. An seiner Stelle wurde 1842/43 „ein monumentales dreigeschossiges Gebäude in den Formen der Neurenaissance“ (Dehio) errichtet, das heute von der 1994 gegründeten Stiftung Leucorea genutzt wird, die erneut akademisches Leben am historischen Ort etabliert. Der Durchgang zu dem weiträumigen Hof wird durch ein schönes Sitznischenportal mit reichem Renaissancedekor *(Bild)* geschmückt, das sich ursprünglich am Haus Markt 3, direkt neben dem Cranach-Haus, befand und 1956 hierher versetzt wurde.

30. August

Der Holzschnitt von 1523 zeigt einen Universitätslehrer mit seinen Schülern bei einer *lectio*, der kommentierenden Vorlesung eines bestimmten Textes. Dabei war Latein die ausschließliche Sprache an den Universitäten, um die Verständigung der Studenten aus verschiedenen Ländern zu ermöglichen. Das Katheder (der Lehrstuhl) war wegen der besseren Übersicht für den Lehrer erhöht. Neben der *lectio* gab es die *disputatio*, das akademische Streitgespräch zur Übung und Anwendung eines gelernten Stoffes, und die *repetitio*, die Wiederholung des Vorlesungsstoffes unter Anleitung eines älteren Studenten.

Universitätslehrer mit seinen Schülern. Holzschnitt aus: Tractatus diversorum doctorum ed Chulachon. Mailand, J. A. Scinzenzeler, 1523.

31. August

Von dem großen Maler, der unter dem Namen Grünewald bekannt wurde, der aber wahrscheinlich Mathis Gothart Nithart hieß, gibt es nur wenige gesicherte biographische Daten. Um 1480 vielleicht in Würzburg geboren, siedelte er um 1500 nach Aschaffenburg über, wo er die meiste Zeit seines Lebens verbrachte. Er wurde Hofmaler der Kurfürsten und Erzbischöfe von Mainz und war auch als Baumeister und Wasserkunstmacher tätig. Zwischen 1508 und 1515 malte er sein Hauptwerk, den Isenheimer Altar. Nach dem Bauernkrieg 1525 ließ er sich in Frankfurt/Main nieder und kam wohl 1527 nach Halle/Saale, wo er am 31. August 1528 starb *(Bild: Grünewald-Denkmal in Halle/ Saale)*.

1. September

Ware vnd aigentliche Historia/ der frölichen ankunfft/ des aller theüresten vnd sehr werden Heldes/ des Alten
hochlöblichen gebornen Churfursten vnd Herren/ Herrn Johann Friderichen/ Hertzogen zů Sachssen/ Wie Er widerumb haim zů hauß kommen.

Wie man schreibt zway vñ fünfzig Jar/
Vnd der erste des Herbstmonds war.
Da Kayser Carl von Augspurg reydt/
Ließ Er ain sehr fraindlichñ bescheydt/
Entbieten Jhan Fridrichñ von Sachssn/
Mit gůten worten vnd dermassn.
Das Er Forthin nit mehr solt sein/
Gefangen/ die weyl er nun sein.
Wie ain Fürst hett erlitñ die straff/
Gleich als ain gedultiges Schaff/

Das Er solt ziehn wider zů Hauß/
Seinem Land vnd Leütñ warten auß.
Das vernam der Herr von Sachssn höch/
Wie Er ledig solt sein des jochs.
Das Er fünff Jar getragen het/
Vnd ettlich wochen frü vnd spet.
Die Er hat dapffer auß gestandñ/
Mit grossim gemüth in frembden Landñ.
Durch wunderbarlich Gottes gnad/
Der jm sein Segen geben hat.

Zoch also inñ namñ Gottes heym/
Welches auch war sein bester reym.
Vnd ward am tag Marie gburt/
Widerumb in sein Land gefürt.
Da jm entgegen gieng sein Gmahl/
Vnd jn empfieng mit aim Fůßfahl/
Sprach: O Herr Gott/ ich dancke dir/
Das du wider hast gegebñ mir/
Meinen Gemahel vnd mein Herrñ/
Der von mir ist gewesen so fernñ.

Dem both Sy die hand vnd fieng an/
Häfftig zuwaynen von stund an.
Der Alt Herr sagt: Ey biß getröst/
Mein liebe Sibyll/ Gott erlöst/
Alle zeyt auch die gefangen/
Welche an seinem wort hangen.
Hinter der Fürstin stůnden zwen
Söne/ in schwartz geklaydet/ den
Sprache Er zů/ daß Sy wolten/
Der Můtter war nemmen/ wie Sy solten.

Inñ dem drungen die Leüt mit gwalt/
Zů dem hauffen gar manigfalt.
Vnd wolt ain yeder sehñ den Mañ/
Der also Gott vertrawen kan.
Vil lieffen herauß auß der Stat/
Wie man auff das Voitlandt gaht.
Die Kinder schryen all gemein/
Sy wolten gůtter dinge sein.
Das der allte Churfürste kem/
Der jn nichts thet noch etwas nem.

Es frewt sich auch die Sonne klar/
Gleich wie Sy trawet da Er gfangñ war.
Welches war ja ain zaichen hell/
Das da geschach am Hymel schnell.
Hat vil gelitten vnuerdrossn/
Vnd doch dahaim sein leben bschlossn.
Säligklich in Christo dem Herrñ/
Den man jm nit kundte erwerñ.
Hat genommen ain lieblichñ todt/
Ist wol entschlaffn/ lebt noch in Gott.

Getruckt zů Augspurg/ bey Hans Hofer/ Briefmaler/ im klainen Sachssen geßlin

Nachdem Kurfürst Johann Friedrich I. ab 1547 fünf Jahre lang Gefangener des Kaisers gewesen war, erlangte er im Zuge eines Vertrages am 1. September 1552 die Freiheit. Der Holzschnitt zeigt die Begrüßung des Freigelassenen durch seine Gemahlin Sibylle von Kleve und ihre beiden rechts von ihr stehenden Söhne. Im Hintergrund ist die Stadtansicht von Coburg mit der Burg (Veste) zu sehen, weil Johann Friedrich sich zunächst dort aufhielt. Aus dem offenen Himmel rechts oben schaut Gott auf die Szene und lässt einen Engel als Zeichen seiner Gnade einen Lichtstrahl auf den Fürsten aussenden.

2. September

Als „Bibeldrucker“ ist Hans Lufft berühmt geworden. Geboren um 1495 in Amberg, erlernte er das Buchdruckerhandwerk in Leipzig. 1524 übernahm er die Druckerei von Melchior Lotter d.J. in Wittenberg und druckte Bibelausgaben sowie Werke der Reformatoren. Die 1534 abgeschlossene, vollständige deutsche Bibelübersetzung Luthers erschien in mehreren Auflagen. Durch die Fülle der Druckaufträge zu Wohlstand gelangt, erwarb Hans Lufft 1526 das Bürgerrecht der Stadt Wittenberg und war ab 1542 auch Mitglied des Rates. In der Folge bekleidete er vielfältige Ämter in der Stadt und war mehrmals Bürgermeister von Wittenberg. Hochbetagt starb er dort am 2. September 1584.

3. September

Johannes Gensfleisch, genannt Gutenberg, (um 1400–1468) aus Mainz ermöglichte durch die Erfindung eines Handgießinstruments die schnelle Herstellung beweglicher Lettern. Für sie erprobte er eine spezielle Metalllegierung, und auch die besondere Zusammensetzung der Druckerschwärze geht auf ihn zurück. Ausgehend von Schrauben- bzw. Spindelpressen (z.B. bei der Weinherstellung) entwickelte er schließlich seine Druckerpresse *(Bild: Nachbildung)*. Durch die Zusammenführung der verschiedenen Komponenten machte Gutenberg so erstmals eine Massenproduktion von Büchern möglich. Der schnelle Druck von Flugschriften war ein wichtiger Faktor bei der Ausbreitung der Reformation.

4. September

Gutenberg druckte zwischen 1452 und 1454 in Mainz eine 42-zeilige Bibel (B42), wobei er als handschriftliche Vorlage für den Druck die Vulgata verwendete, also die lateinische Bibelübersetzung des Hieronymus aus dem 4. Jh. Bei der Gestaltung der Schrift und des Blocksatzes orientierte er sich an spätmittelalterlichen Handschriften. Initialen und Verzierungen trug man nach dem Druck von Hand ein. Der gesamte Bibeltext wurde auf zwei Bände im Folioformat verteilt. Insgesamt wurden ca. 180 Exemplare der Bibel gedruckt, davon etwa 150 auf Papier und 30 auf Pergament *(Bild: Seite aus der Gutenbergbibel in der Bibliothek der Universität von Austin, Texas)*.

5. September

Das Zürcher Großmünster wurde um 1100 begonnen und 1220 vollendet, die Türme wurden im 15. Jh. mit Nadelhelmen versehen *(Bild: Ansicht um 1700)*. Bis zur Reformation war das Großmünster zugleich Teil eines weltlichen Chorherrenstifts und Pfarrkirche. Seit 1519 predigte hier Huldrych Zwingli als Leutpriester und bereitete den Boden für die deutschschweizerische Reformation. Auf seine Initiative ließ der Stadtrat von Zürich 1524 die Altarbilder aus der Kirche entfernen. In den ehemaligen Stiftsgebäuden entstand neben einer Lateinschule eine theologische Akademie, die zuerst „Prophezei“, später „Carolinum“ genannt wurde.

6. September

Ab 1525 legten im Chor des Großmünsters Zürich fünfmal in der Woche Gelehrte die Bibel in der Volkssprache aus. Zwingli hatte diese Einrichtung angeregt. Sie wurde „Prophezei" genannt. Aus ihr erwuchs die Zürcher Bibelübersetzung. Neben Zwingli war daran sein Freund Leo Jud maßgeblich beteiligt. Ab 1524 erschien das Neue, später auch das Alte Testament beim Zürcher Buchdrucker Christoph Froschauer. Schon 1531, also noch vor der Fertigstellung der Lutherübersetzung (1534), war das Zürcher Übersetzungswerk vollendet.

Die gantze Bibel
der vrsprünglichē Ebraischen
vnd Griechischen waarheyt
nach/auffs aller treüwli=
chest verteütschet.

Getruckt zů Zürich bey Christoffel
Froschouer/im Jar als man zalt
M. D. XXXI.

7. September

Süleyman I., genannt „der Prächtige", wurde 1494 oder 1495 in Trapezunt geboren und regierte 1520–1566 als zehnter Sultan das Osmanische Reich, das er durch Eroberungen von Belgrad (1521), Rhodos (1522), Ungarn (1526) und Bagdad/Mesopotamien (1534) zu seiner größten geographischen Ausdehnung und Machtfülle brachte. Persönlich stand der Sultan an der Spitze von 13 großen Feldzügen. Er beherrschte durch seine Flotte das Mittelmeer und das Rote Meer. Die Belagerung von Wien 1529 musste er allerdings abbrechen. Süleyman I., der auch eine reiche Bautätigkeit entfaltete, starb nach 46-jähriger Regierungszeit am 7. September 1566 während der Belagerung von Szigetvár/Ungarn.

8. September

Im Jahr 1501 erging an den damals 26-jährigen Michelangelo der Auftrag, aus einem als verdorben geltenden riesigen Marmorblock die Skulptur des biblischen Hirtenknaben David zu schaffen, der mit einer Steinschleuder den Riesen Goliath besiegte. Der Künstler schuf ein in jeder Hinsicht neuartiges und ungewöhnliches Werk, das von vielen Florentinern als Wahrzeichen der Freiheit verstanden wurde. Am 8. September 1504 wurde die 5,17 m hohe, kolossale Marmorfigur vor dem Palazzo della Signoria in Florenz feierlich enthüllt. Das Original dieser vielleicht bekanntesten Skulptur der Kunstgeschichte ist seit 1873 im Kuppelraum der Florentiner Accademia vor Witterung geschützt aufgestellt.

9. September

Der Große Katechismus erwuchs vor allem aus Predigten, die Luther im Herbst/Winter 1528 und im Frühjahr 1529 gehalten hatte. Er diente dazu, die Zehn Gebote, das Glaubensbekenntnis, das Vaterunser sowie die Sakramentslehre in reformatorischer Auslegung gut verständlich und einprägsam an die nächsten Generationen evangelischer Christen zu vermitteln. Dabei wurden die Aussagen der Heiligen Schrift auf deren Anwendung in Gottesdienst und im Alltag der Gläubigen bezogen. Nachdem einzelne Teile bereits vorab erschienen waren, erfolgte ab April 1529 ein erster Druck in Buchform durch Georg Rhau in Wittenberg unter dem Titel „Deutscher Katechismus" *(Bild: Titelseite)*.

10. September

Der Heidelberger Katechismus wurde auf Initiative des Kurfürsten Friedrich III. von der Pfalz (1515–1576) in der Hauptsache von Zacharias Ursinus erarbeitet und im Jahr 1563 in Heidelberg unter dem Titel „Catechismus oder christlicher Vnderricht, wie der in Kirchen vnd Schulen der Churfürstlichen Pfaltz getrieben wirdt" herausgegeben. Er war vom Ursprung her der Katechismus für die reformierte Landeskirche der Kurpfalz und diente dort als Lehr- und Unterrichtsbuch in Kirche und Schule. Darüber hinaus wurde er zur grundlegenden Bekenntnisschrift des reformierten Glaubens und wurde als solche in 40 Sprachen übersetzt. Zum 400. Jubiläum gab die Deutsche Bundespost 1963 eine Briefmarke heraus *(Bild)*.

11. September

Johannes Brenz, am 24. Juni 1499 in Weil der Stadt geboren, studierte ab 1514 in Heidelberg, wo er 1518 Zeuge der Heidelberger Disputation wurde – für ihn Ausgangspunkt einer lebenslangen Verbindung zu Luther. Als Prediger in Schwäbisch Hall (1522 bis 1548) setzte er dort die Reformation durch. Ab 1553 war Johannes Brenz Stiftspropst in Stuttgart und Berater der Württembergischen Herzöge. Er arbeitete maßgeblich beim Aufbau der Landeskirche mit und wirkte nachhaltig durch seine Schriften, insbesondere durch einen von ihm verfassten Katechismus. In der Abendmahlsfrage vertrat er Luthers Position und bemühte sich zeitlebens um die Einigung des Luthertums. Johannes Brenz starb am 11. September 1570 in Stuttgart.

12. September

Künstler der Renaissance „entdeckten" den nackten menschlichen Körper. So stellt Tizian in seinem um 1538 entstandenen Ölgemälde eine unbekleidete junge Frau dar, die, auf einem Bett liegend, den Betrachter unmittelbar anblickt. Das Rosenbouquet in ihrer rechten Hand kann als Symbol der Liebe gedeutet werden, der schlafende Hund am Fuß des Bettes gilt traditionell als Zeichen der Treue. Rechts hinten im Raum sind zwei weibliche Bedienstete mit Kleidern und Truhen beschäftigt, die vielleicht Teile der Aussteuer enthalten. All das würde auf ein Hochzeitsbild hindeuten. Andere sehen in der unbekannten Schönen eine Kurtisane, die sich den Blicken preisgibt. Der Bildtitel „Venus von Urbino" führt in die Irre, da die Attribute der Liebesgöttin fehlen.

13. September

Der 1489 in Les Farelles in der Dauphiné geborene Guillaume Farel studierte ab 1509 in Paris. Die Lektüre von Bibel und Abschriften der Leipziger Disputation ließen ihn 1521 mit der katholischen Kirche brechen. Er floh aus Frankreich über Straßburg, Zürich und Bern zunächst nach Basel. In Neuenburg verkündete er 1530 die reformatorische Lehre und löste einen Bildersturm aus. Nachdem er 1535 die Einführung der Reformation in Genf erreicht hatte, konnte er im Jahr darauf den durchreisenden Calvin zum Bleiben bewegen. Jahrzehntelang organisierte und leitete Farel die reformierte Kirche in Genf und Neuenburg, wo er am 13. September 1565 starb.

14. September

Zu den wenigen Gegenständen, die sich aus Luthers Besitz erhalten haben, gehört ein goldener Siegelring, den ihm der spätere Kurfürst Johann Friedrich am 14. September 1530 schenkte, als Luther nur von der Veste Coburg aus die Geschehnisse des Reichstages in Augsburg mitverfolgen konnte. Der Siegelstein, ein geschnittener Karneol, zeigt ein Kreuz in einem Herzen, das wiederum von einer Rose umschlossen ist – Luthers Wappen. Allerdings war ihm der Ring zu groß, was Luther damit kommentierte, er sei „nicht geboren, Gold zu tragen". Ein Urenkel des Reformators schenkte das Erbstück Kurfürst Johann Georg I. von Sachsen und erhielt dafür ein Rittergut.

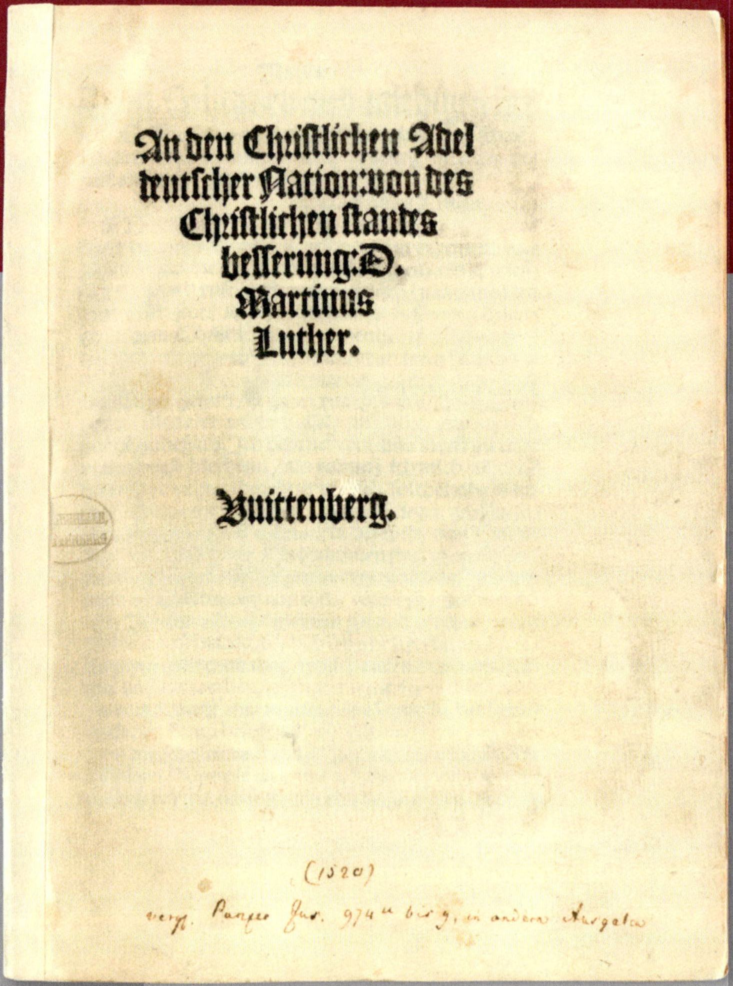
An den Christlichen Adel teutscher Nation: von des Christlichen standes besserung: D. Martinus Luther.

Wittenberg.

(1520)

15. September

Die an den Kaiser gerichtete Schrift „An den christlichen Adel deutscher Nation von des christlichen Standes Besserung" erschien wohl Anfang August 1520. Luther wandte sich darin an den Adel, weil der geistliche Stand versagt habe. Denn die „Romanisten" stellten die kirchliche Obrigkeit über die weltliche und behaupteten, nur der Papst dürfe die Bibel auslegen und ein Konzil einberufen. Luther setzte dem sein Verständnis vom Priestertum aller Gläubigen entgegen: Was „aus der Taufe gekrochen sei", möge sich rühmen, dass es schon zum Priester, Bischof und Papst geweiht sei. Damit vollzog Luther endgültig den Bruch mit der römischen Kirche.

16. September

Mit der Schrift „Von der Freiheit eines Christenmenschen" (1520), einem weiteren grundlegenden Dokument reformatorischer Theologie, entfaltete Luther in 30 Thesen systematisch die Hauptgedanken seiner Theologie als „ganze Summa eines christlichen Lebens". Durch den Glauben an Christus werde der Mensch von der Last der Sünde befreit, aber auch von der Notwendigkeit, sich durch Leistungen vor Gott zu rechtfertigen. In dieser inneren, geistlichen Freiheit soll sich der Glaube auch und gerade im Rahmen äußerer, weltlicher Unfreiheit bewähren. Die Schrift wurde sowohl von den Fürsten als auch von den Bauern aufgegriffen und politisch missverstanden.

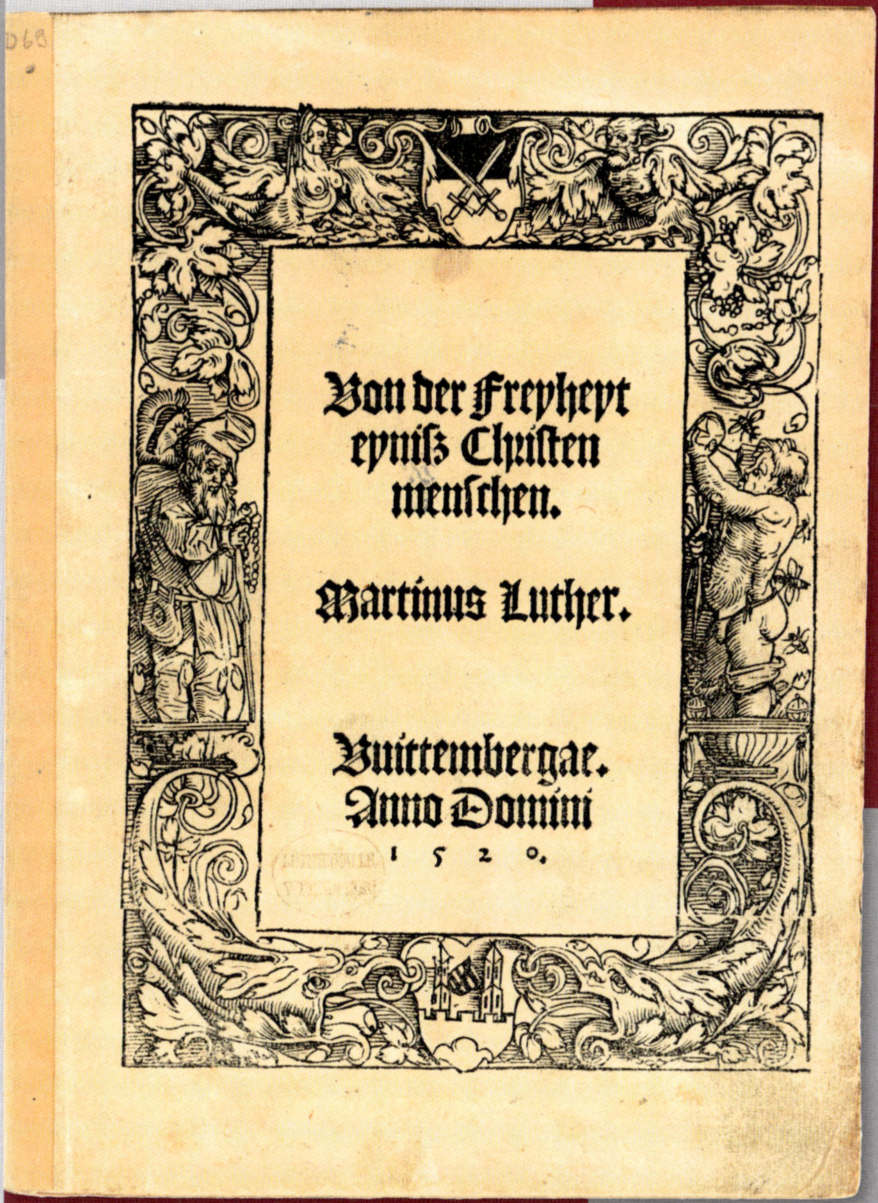

17. September

Heinrich Bullinger wurde am 18. Juli 1504 in Bremgarten in der Schweiz geboren und studierte ab 1519 an der Universität Köln. Dort schloss er sich der Reformation an. Ab 1523 wirkte er als Klosterlehrer in Kappel bei Zürich, wo er Zwingli kennenlernte. 1529 wurde er zum Pfarrer in seiner Heimatstadt Bremgarten gewählt und heiratete die ehemalige Nonne Anna Adlischyrer. Nach Zwinglis Tod 1531 wurde er dessen Nachfolger und „Erster Pfarrer“ (Antistes) der Zürcher Kirche. Dieses Amt hatte er über 44 Jahre inne. Er nutzte es, um den Schweizer Protestantismus zu festigen. Heinrich Bullinger starb am 17. September 1575 in Zürich.

18. September

Die Moritzburg in Halle/Saale wurde zunächst als Zwingburg des Landesherrn gegen die Autonomiebestrebungen der Bürgerschaft geplant. Der Magdeburger Erzbischof Ernst von Wettin legte am 25. Mai 1484 den Grundstein und konnte 19 Jahre später in den imposanten Bau einziehen, der nach dem Schutzpatron des Bistums, St. Mauritius, benannt wurde. Ernsts Nachfolger Albrecht von Brandenburg erweiterte das feste Schloss zu einer Residenz, deren Innenhof groß genug für Prozessionen, Feste und Ritterspiele war. Nach Zerstörungen im Dreißigjährigen Krieg verändert, beherbergt die Moritzburg heute das Landeskunstmuseum Sachsen-Anhalt *(Bild: Ostseite mit Torturm und Maria-Magdalena-Kapelle)*.

19. September

Kardinal Albrecht von Brandenburg, Erzbischof von Magdeburg und Mainz und als solcher einer der wichtigsten Gegenspieler Luthers, hatte Halle/Saale als Lieblingsresidenz erwählt. Daher erhob er hier eine ehemalige Dominikanerkirche aus dem 13. Jh. zur Stiftskirche (im Volksmund „Dom" genannt) und ließ sie ab 1520 umbauen. Auffällig ist der Giebelkranz mit den halbkreisförmigen Bogenfeldern im Stil der Renaissance. Im Inneren war die Stiftskirche prächtig ausgestattet und beherbergte zahlreiche Altäre sowie eine der größten Reliquiensammlungen der Zeit. Auch Albrechts monumentales Grabmal sollte hier errichtet werden. Er wurde jedoch 1541 durch die Reformation aus Halle vertrieben und nahm den größten Teil seiner Kunstschätze und Bücher mit.

20. September

Am Ort der Marktkirche Unser Lieben Frauen in Halle/Saale standen ursprünglich zwei mittelalterliche Kirchen hintereinander. Kardinal Albrecht von Brandenburg und die katholischen Ratsmitglieder ließen ab 1529 deren Schiffe abreißen und zwischen den verbliebenen Turmpaaren eine repräsentative spätgotische Hallenkirche errichten. Als 1541 in Halle offiziell die Reformation eingeführt wurde und der Kardinal sich zurückzog, war der Bau noch nicht vollendet. Dies geschah in der Folgezeit bis 1554. In der Marktkirche, die heute die evangelische Hauptkirche der Stadt ist, hat Luther dreimal gepredigt, und die Komponisten Bach und Händel haben auf ihrer Orgel gespielt.

21. September

Der in Ferrara geborene Savonarola wirkte in den 80er-Jahren des 15. Jh. als Dominikanermönch und Bußprediger in Oberitalien. Er kritisierte den Sittenverfall in den Städten und übte Kritik an Klerus und Papst. Visionäre Erlebnisse flossen in seine Predigten ein, in denen er apokalyptische Heimsuchungen für Italien ankündigte. Das brachte ihm den Ruf eines Propheten ein und machte ihn zunehmend populär. Luther sah ihn als „evangelischen Heiligen" und fand anerkennende Worte: „Nemet war, er lebet, und sein Gedechtniss ist ynn benedeiung. Christus hat yhn durch uns erhoben oder Canonisiert."

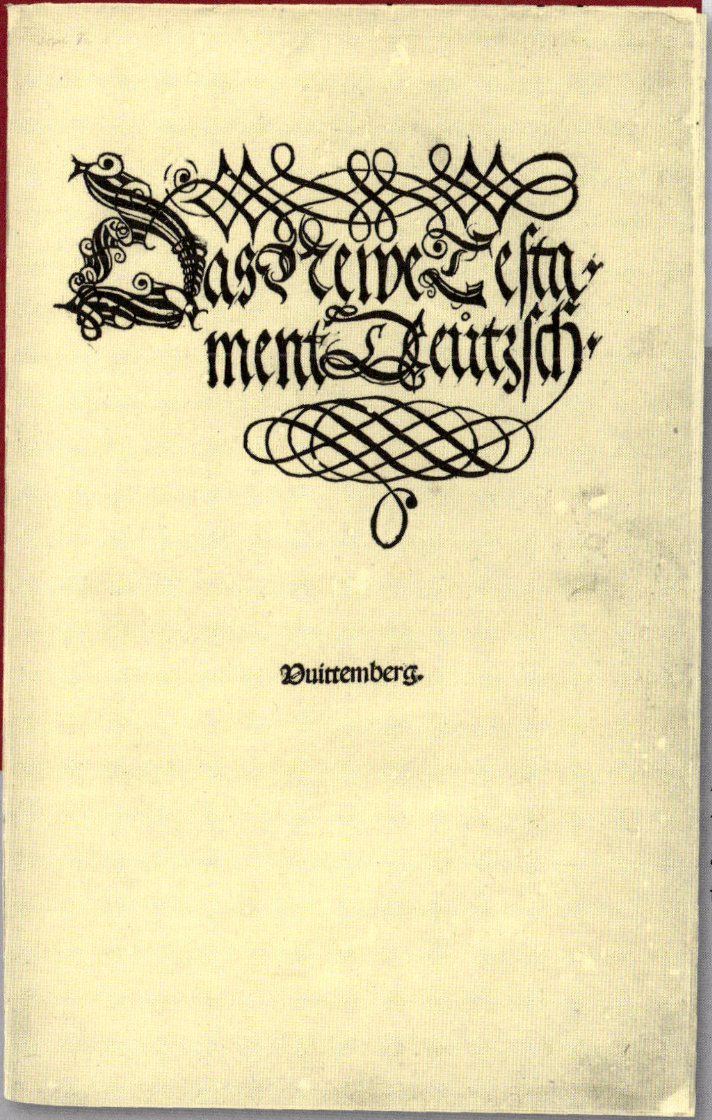

Das Newe Testament Deutzsch.

Vuittemberg.

22. September

Martin Luthers Übersetzung des Neuen Testaments wurde im September 1522 von Melchior Lotter in Wittenberg gedruckt (daher „Septembertestament“). Auf dem Titelblatt ist weder der Name des Übersetzers noch der des Druckers angegeben. Die Ausgabe enthält 21 Holzschnitte aus der Werkstatt Lucas Cranachs. Als Auflagenhöhe nimmt man ca. 3000 Exemplare an, die trotz des relativ hohen Preises von eineinhalb Gulden in kürzester Zeit vergriffen waren. Deshalb erfolgte im Dezember 1522 eine zweite Auflage mit verbessertem Text („Dezembertestament“). Bei den Illustrationen wurden einige aktuelle politische Bezüge entfernt, die das Septembertestament noch aufgewiesen hatte.

23. September

Melchior Lotter d.Ä. wurde um 1470 in Aue geboren und ist seit 1495 als Drucker in Leipzig nachweisbar. Als Erster druckte er dort mit griechischen Lettern und führte 1511 die Antiquaschrift für den Druck ein. Er lernte Martin Luther kennen und druckte für ihn 1517 die 95 Thesen. Später gründete er in Wittenberg eine Filialfirma unter der Leitung seiner Söhne Melchior d.J. und Michael, die bis 1524 bestand und vor allem für Luther und Melanchthon tätig war. Wegen der wachsenden Konkurrenz in Wittenberg wurde diese Zweigniederlassung 1529 nach Magdeburg verlegt. Melchior Lotter d.Ä. starb am 1. Februar 1549 in Leipzig.

24. September

Kardinal Albrecht von Brandenburg reagierte auf Luthers Forderungen nach einer Kirchenreform zunächst nachsichtig. Durch den Bauernkrieg 1525 und die Vertreibung aus seiner Lieblingsresidenz Halle/Saale 1541 wurde er jedoch zum erbitterten Gegner der Reformation und riet dem Kaiser zur Gewalt gegen die Protestanten. Als typischer Renaissancefürst war Kardinal Albrecht ein Freund und Förderer der Künste, der Musik und des Humanismus sowie als Mäzen Auftraggeber für Dürer, Grünewald und Cranach. Dieser malte ihn zwischen 1520 und 1525 als Betenden unter dem Kreuz *(Bild)*. Albrecht starb am 24. September 1545 in Mainz.

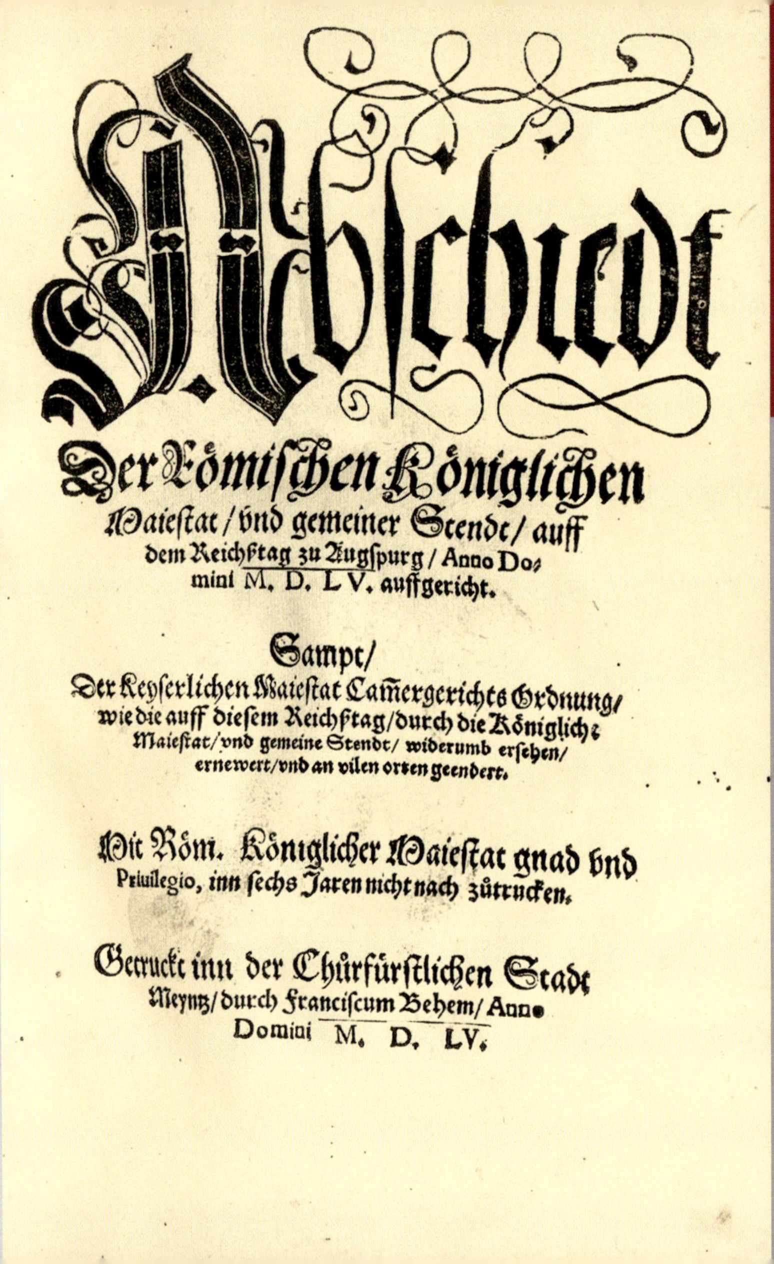

Abschiedt

Der Römischen Königlichen
Maiestat/vnd gemeiner Stendt/auff
dem Reichßtag zu Augspurg/Anno Do=
mini M. D. LV. auffgericht.

Sampt/

Der Keyserlichen Maiestat Camergerichts Ordnung/
wie die auff diesem Reichßtag/durch die Königliche
Maiestat/vnd gemeine Stendt/widerumb ersehen/
ernewert/vnd an vilen orten geendert.

Mit Röm. Königlicher Maiestat gnad vnd
Priuilegio, inn sechs Jaren nicht nach zutrucken.

Getruckt inn der Churfürstlichen Stadt
Meyntz/durch Franciscum Behem/Anno
Domini M. D. LV.

25. September

Nach langwierigen Verhandlungen zwischen König Ferdinand I. und den Reichsständen wurde am 25. September 1555 auf dem Augsburger Reichstag ein Reichsgesetz verabschiedet *(Bild: erste Seite des Dokuments)*, das den Anhängern des Augsburgischen Bekenntnisses dauerhaft ihre Besitzstände und freie Religionsausübung zugestand. Die jeweiligen Landesherren wurden dazu ermächtigt, die Religion ihrer Untertanen zu bestimmen („cuius regio eius religio"); Letzteren hingegen wurde das Recht eingeräumt, ihr Land zu verlassen. Der so erreichte „Augsburger Religionsfrieden" wird im Allgemeinen als Abschluss des Reformationszeitalters in Deutschland angesehen.

26. September

Die Hauptperson des Bildes „Ecce Homo" von Tizian, der gegeißelte und verspottete Christus, ist an den linken Rand gerückt. Trotzdem wird der Blick durch die ansteigende Treppe und die auf ihr befindlichen Personen auf ihn gelenkt. Rechts neben Christus steht Pilatus, der ihn dem höhnischen Gejohle der Menge preisgibt (Joh 19,4–5). Auf dem Schild des Soldaten links der Mitte findet sich der Doppeladler des Heiligen Römischen Reiches, rechts soll der türkische Sultan Süleyman I. (mit Turban) dargestellt sein. Damit werden in dem Bild auch die politischen Konflikte der Zeit angedeutet.

27. September

Nach der Eroberung Konstantinopels durch die Türken 1453 wurde das Osmanische Reich in seinem Expansionsdrang zu einer ständigen Bedrohung für Europa. Die Situation verschärfte sich, als Sultan Süleyman I. Mitte 1529 mit seinen Truppen Ungarn besetzte, dann im September des gleichen Jahres auf Wien vorrückte und die Stadt am 27. September einschloss *(Bild)*. Die Hauptstadt der Habsburgischen Erblande wurde gegen die erhebliche türkische Übermacht durch die Stadtmiliz sowie durch deutsche und spanische Söldner erfolgreich verteidigt, sodass das osmanische Heer wegen Nachschubproblemen und des bevorstehenden Wintereinbruchs in der Nacht zum 15. Oktober 1529 abzuziehen begann.

28. September

Albrecht Altdorfer (um 1480–1538) vollendete 1529 mit der „Alexanderschlacht" nicht nur sein malerisches Hauptwerk, sondern auch eines der bedeutendsten Gemälde der deutschen Renaissance. Aus der Vogelperspektive schaut der Betrachter auf eine weite Weltlandschaft unter einem dramatisch bewegten Himmel. Im Hintergrund ist das östliche Mittelmeer mit Zypern, dem Nildelta und dem Roten Meer zu sehen, während vorne die Schlacht bei Issos (333 v. Chr.) dargestellt ist, bei der Alexander der Große gegen die persische Übermacht unter Darius III. siegreich war. Das Bild weist zahlreiche historische und heilsgeschichtliche Bezüge auf, u. a. auf die Belagerung Wiens durch die Türken 1529.

29. September

Gustav I. Wasa wurde als Gustav Eriksson vermutlich im Mai 1496 geboren und stammte aus einer schwedischen Adelsfamilie. Er stellte sich 1520 an die Spitze des schwedischen Widerstandes gegen König Christian II. von Dänemark, konnte das Land von der dänischen Vorherrschaft befreien und wurde am 6. Juni 1523 zum schwedischen König gewählt. Unter seiner Leitung wurden die Reformation nach deutschem Vorbild eingeführt, die schwedische Staatsverwaltung neu geordnet und 1527 die Kirche dem König unterstellt. Auf dem Reichstag zu Västerås 1544 setzte er das Erbkönigtum für das Haus Wasa durch. Gustav I. Wasa starb am 29. September 1560 in Stockholm.

30. September

Leonardo da Vincis „Letztes Abendmahl" gilt als Höhepunkt seines Schaffens und als ein Meilenstein der Kunstgeschichte. In Secco-Technik auf einem problematischen Untergrund im Refektorium des Klosters Sta. Maria delle Grazie in Mailand zwischen 1494 und 1498 ausgeführt, wies das Wandbild schon zu Leonardos Lebzeiten Schäden auf. Trotz des schlechten Erhaltungszustandes ist das Meisterhafte des Werkes noch erkennbar, insbesondere die zentralperspektivische Tiefe und die dramatische Bewegung, die durch die vier Dreiergruppen der Jünger geht, als Jesus sagt: „Einer unter euch wird mich verraten" (Mt 26,21). Dabei wurde der Verräter Judas nicht, wie traditionell üblich, im Bild isoliert.

1. Oktober

Landgraf Philipp von Hessen versuchte 1529 die Sache der Reformation zu stärken, indem er Vertreter des lutherischen und des reformierten Flügels auf das Marburger Schloss *(Bild)* zu einem Gespräch einlud. Dieses fand vom 27. September bis zum 4. Oktober unter Beteiligung von Martin Luther, Huldrych Zwingli, Philipp Melachthon und Johannes Oekolampad statt, wobei als Zuhörer u.a. auch Martin Bucer, Jakob Sturm, Caspar Hedio, Justus Jonas der Ältere, Andreas Osiander, Johannes Brenz und Stephan Agricola anwesend waren. Vor allem sollte ein Streit um die Bedeutung des Abendmahls beigelegt werden, der seit 1527 zwischen Luther und Zwingli kontrovers ausgetragen wurde.

2. Oktober

Während man sich in Marburg über insgesamt vierzehn Punkte, die Grundthemen der reformatorischen Theologie betrafen, einigen konnte, blieb es beim entscheidenden fünfzehnten Punkt, der Abendmahlsfrage, beim Dissens. Für Zwingli war das Abendmahl eine symbolische Handlung der Gemeinde, für Luther war Christus in ihm real gegenwärtig. Einer Legende nach zog Luther während der Diskussion das Tischtuch weg und verwies auf die Worte „Das ist mein Leib", die er zuvor auf den Tisch geschrieben hatte und die für ihn die reale Präsenz Christi in Brot und Wein verbürgten. In Historienbildern, wie dem von August Noack (1867), wurde dieser dramatische Höhepunkt gerne dargestellt.

3. Oktober

Aus einem Streit der Kölner Dominikaner mit dem Humanisten und Hebraisten Johannes Reuchlin, ob der jüdische Talmud verbrannt werden solle oder nicht, entwickelte sich ein heftiger Schlagabtausch in Schriften und Gegenschriften. Reuchlin plädierte für den Erhalt der Schriften. In diesem Zusammenhang erschienen Anfang Oktober 1515 die angeblich von Dominikanern verfassten, in Wahrheit aber fingierten „Dunkelmännerbriefe", die die Position Reuchlins unterstützten und in denen scholastische Positionen durch Übertreibungen karikiert wurden. Als Hauptverfasser gilt Crotus Rubeanus aus dem Erfurter Humanistenkreis, während der zweite Teil (1517, *Bild: Titelblatt*) vor allem Ulrich von Hutten zugeschrieben wird.

4. Oktober

Lucas Cranach d.J. wurde am 4. Oktober 1515 in Wittenberg geboren und erlernte bei seinem Vater die Kunst der Malerei. Nach dem frühen Tod seines älteren Bruders Hans 1537 übernahm er schrittweise wichtige Funktionen in der väterlichen Werkstatt und schließlich deren Leitung. In einem 1565 von ihm geschaffenen Epitaph für den Fürsten Joachim I. von Anhalt-Dessau (vorne links) malte er statt der Jünger prominente Reformatoren und Fürst Georg III. beim letzten Abendmahl Christi. Sich selbst hat er als Mundschenk vorne rechts dargestellt. Lucas Cranach d.J. starb am 25. Januar 1586 in Wittenberg.

5. Oktober

Die Schlosskapelle in Torgau, 1543–44 von Nickel Grohmann errichtet, ist der erste evangelische Kirchenneubau. Sie ist äußerlich nur durch das reiche Portal als Kirche erkennbar. Im Inneren *(Bild)* ist die Kapelle ein schlichter, saalartiger Raum mit zwei umlaufenden Emporen, der von einem gotischen Netzgewölbe überspannt wird. Bei seiner Kirchweihpredigt am 5. Oktober 1544 sagte Luther, die Kapelle solle kein besonderes Haus sein, „als wäre sie besser denn andere Häuser, wo man Gottes Wort predigt". Der evangelische „Urkantor" Johann Walter hatte anlässlich der Kirchweih den 119. Psalm vertont, der im Festgottesdienst von den Sängern der Torgauer Hofkapelle aufgeführt wurde.

6. Oktober

William Tyndale, um 1491 geboren, kam während seines Studiums in Cambridge um 1520 mit humanistischem und reformatorischem Gedankengut in Kontakt. Bei seiner späteren Arbeit als Hauslehrer und Prediger fasste er den Entschluss, die Bibel in die englische Sprache zu übersetzen. Nach Aufenthalten in London (1523), Wittenberg (1524/25) und Köln wurde seine Übersetzung des Neuen Testaments in Worms gedruckt. Ab 1528 lebte Tyndale in Antwerpen und konnte dort längere Zeit relativ unbehelligt arbeiten. Durch Verrat eines Bekannten wurde er jedoch 1535 verhaftet und nach monatelangem Häresieprozess am 6. Oktober 1536 in einer Festung bei Brüssel erwürgt und verbrannt.

7. Oktober

Tyndale hatte in Wittenberg bis 1525 eine druckfertige Vorlage seiner Bibelübersetzung erarbeitet und wollte sie 1526 in Köln drucken lassen. Dieses Vorhaben wurde durch den Luther-Gegner Johannes Cochläus verraten. Tyndale und seine Helfer flohen mit einem Teil der Druckexemplare nach Worms, wo 1526 beim Buchdrucker Peter Schöffer d.J. das englische Neue Testament William Tyndales vollständig als Oktav-Ausgabe in einer Auflage von 6000 Exemplaren gedruckt wurde *(Bild: erste Seite des Johannesevangeliums)*. In England wurden diese Druckexemplare sofort verboten, beschlagnahmt und öffentlich verbrannt, sodass nur drei von ihnen erhalten sind.

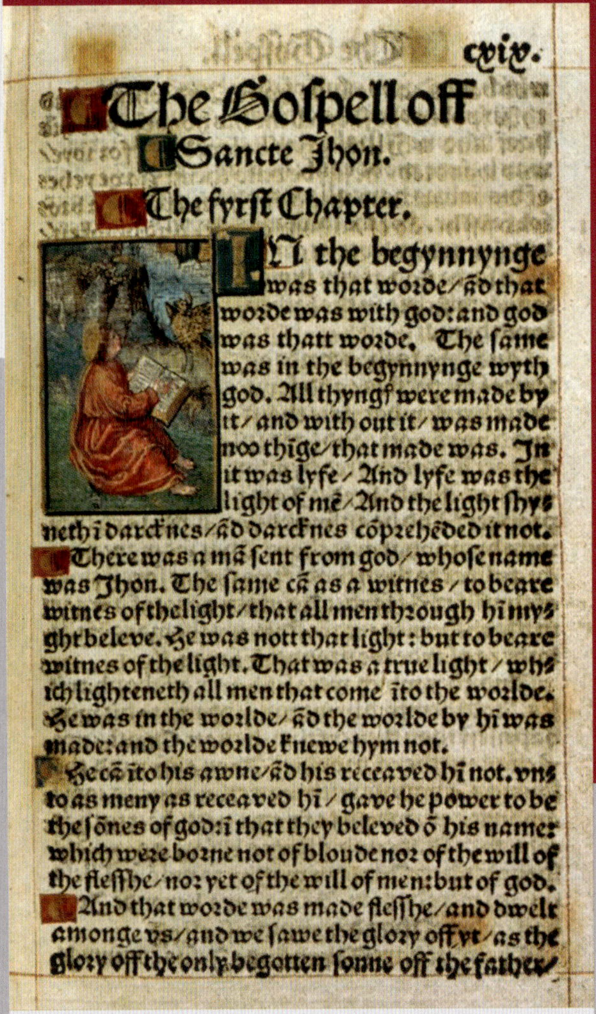

cxix.

The Gospell off Sancte Jhon.

The fyrst Chapter.

IN the begynnynge was that worde/ ād that worde was with god: and god was thatt worde. The same was in the begynnynge wyth god. All thyngs were made by it/ and with out it/ was made noo thīge/ that made was. In it was lyfe/ And lyfe was the light of mē/ And the light shyneth ī darcknes/ ād darcknes cōprehēded it not.

There was a mā sent from god/ whose name was Jhon. The same cā as a witnes/ to beare witnes of the light/ that all men through hī myght beleve. He was nott that light: but to beare witnes of the light. That was a true light/ which lighteneth all men that come īto the worlde. He was in the worlde/ ād the worlde by hī was made: and the worlde knewe hym not.

He cā īto his awne/ ād his receaved hī not. vnto as meny as receaved hī/ gave he power to be the sōnes of god: ī that they beleved ō his name: which were borne not of bloude nor of the will of the fleshe/ nor yet of the will of men: but of god.

And that worde was made fleshe/ and dwelt amonge vs/ and we sawe the glory off yt/ as the glory off the only begotten sonne off the father/

8. Oktober

Zum 500. Geburtstag des Reformators wurde in der DDR 1981–1983 unter der Regie von Kurth Veth der fünfteilige Fernsehfilm „Martin Luther" produziert und im Oktober 1983 ausgestrahlt. Die Hauptrolle spielte überzeugend Ulrich Thein *(Bild)*, wie sich auch die gesamte Produktion durch weitgehende historische Genauigkeit auszeichnet. Gemäß den politischen Vorgaben wurden dabei soziale Prozesse wesentlich stärker hervorgehoben als in dem gleichzeitigen bundesdeutschen Film von Rainer Wolffhardt. Die Kritiker in der Bundesrepublik „zeigten sich komplett beeindruckt, feierten den DDR-Film und kritisierten ARD und ZDF, die nichts Vergleichbares zu Stande gebracht hatten" (so Torsten Wahl in der Berliner Zeitung vom 13. Oktober 2003).

9. Oktober

Thomas Müntzer hatte das Schlagwort von Luther als einem „Fürstenknecht" geprägt. Dies machte sich die sozialistische Lutherrezeption der frühen DDR-Jahre zu eigen, um den Reformator abzuwerten. Doch schon im Vorfeld des Lutherjubiläums 1983 erfolgte eine Neuorientierung, und Luther mutierte nun offiziell zu „einem der größten Söhne des deutschen Volkes". In Vorbereitung der Feiern gründete die SED bereits im Juni 1980 ein „Martin-Luther-Komitee der DDR" – mit SED-Chef Erich Honecker an der Spitze. Das Bild zeigt eine Briefmarke der DDR zu Luthers 500. Geburtstag 1983 mit dem alten Stadtsiegel seiner Geburtsstadt Eisleben.

10. Oktober

„Ein feste Burg ist unser Gott" ist einer der bekanntesten protestantischen Choräle und wurde von Martin Luther wohl vor 1529 gedichtet, wobei er vermutlich auch der Urheber der Melodie ist. Das Lied war ursprünglich ein Vertrauenslied, das den 46. Psalm auslegt, doch wurde es bald zum „evangelischen Bekenntnislied schlechthin". Heinrich Heine nannte es 1834 die „Marseiller Hymne der Reformation". Im 19. und 20. Jh. wurde der Choral dann auch im nationalprotestantischen Sinne instrumentalisiert. *(Bild: Detail der eigenhändigen Niederschrift des Liedes durch den protestantischen Kantor und Luther-Freund Johann Walter im Tenor-Stimmbuch der Torgauer Kantorei).*

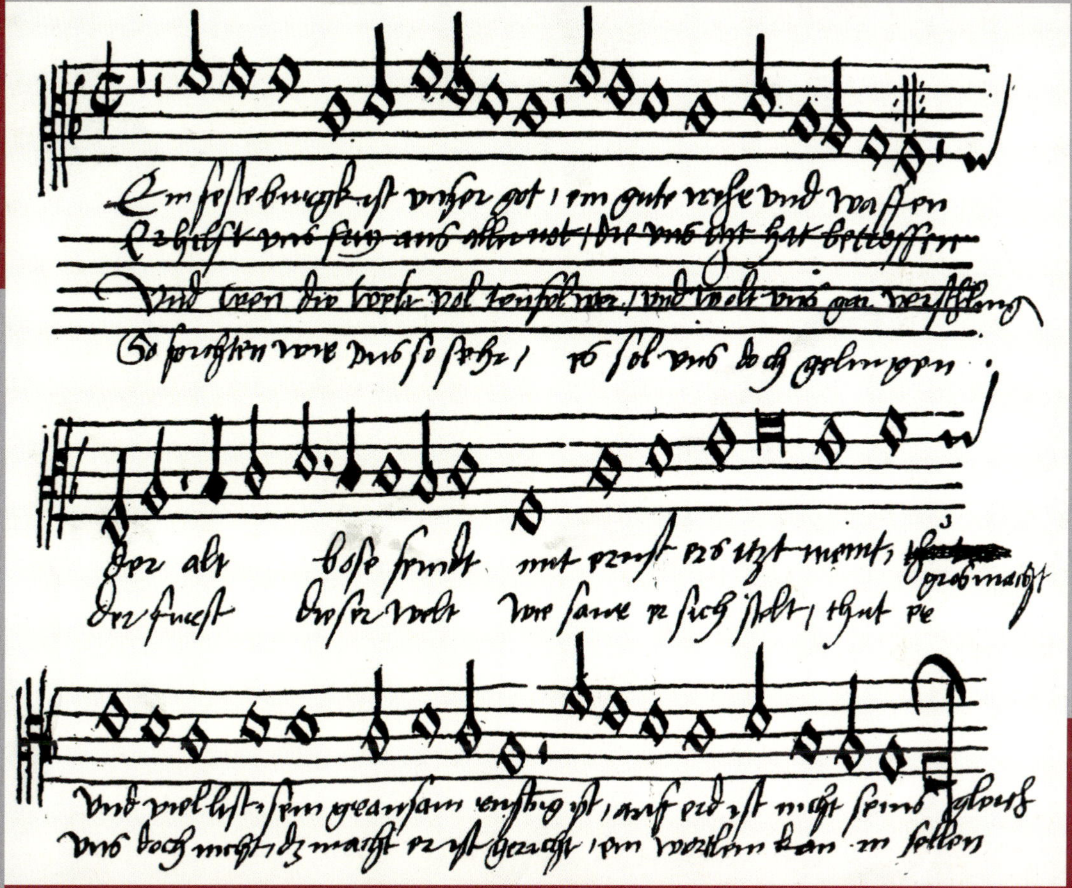

11. Oktober

Die Einführung der Reformation in der Schweiz hatte zu einer politischen Spaltung im Land geführt, sodass 1529 ein protestantisches Städtebündnis einem Bündnis katholischer Orte und Kantone der Eidgenossenschaft gegenüberstand. Es folgten Provokationen und gewaltsame Konflikte. Im sog. Zweiten Kapplerkrieg fand am 11. Oktober 1531 bei Kappel eine Schlacht statt, bei der die Zürcher unterlagen und Huldrych Zwingli den Tod fand *(Historienbild von August Weckesser nach 1854)*.

12. Oktober

Am 7. August 1518 erhielt Luther eine Vorladung nach Rom, um sich dort wegen seiner Thesen einem Häresieverfahren zu stellen. Jedoch konnte sein Landesherr Friedrich der Weise durchsetzen, dass Luther in Deutschland verhört wurde. Dies geschah vom 12. bis 14. Oktober 1518 beim Reichstag zu Augsburg durch den päpstlichen Legaten Kardinal Cajetan. Er forderte Luther bei einem „väterlichen Verhör" zum Widerruf seiner Thesen auf, während dieser den Kardinal in eine grundsätzliche Disputation über Ablass, Schrift, Papst, Kirche und Konzil verwickelte. Luther widerrief nicht und setzte sich damit der Gefahr einer Verhaftung aus.

13. Oktober

Theodor Beza (Théodore de Bèze) wurde am 24. Juni 1519 in Vézelay/Burgund geboren und erwarb in Orléans eine umfassende humanistische Bildung. Durch seinen Lehrer Melchior Volmar kam er mit reformatorischem Gedankengut in Berührung. Nach Abschluss seines Jurastudiums ging Beza 1539 nach Paris, lebte dort als Dichter und verkehrte in evangelischen Kreisen. 1548 reiste er mit seiner Frau über Genf nach Lausanne, blieb dort zehn Jahre und lehrte Griechisch an der protestantischen Akademie. Nach einer Mission im Interesse der französischen Hugenotten siedelte sich Beza 1558 in Genf an und wurde dort nach Calvins Tod dessen Nachfolger. Hochberühmt, aber verarmt starb Theodor Beza in Genf am 13. Oktober 1605.

14. Oktober

In seinem Holzschnitt von 1523 „Der Papstesel zu Rom und das Mönchskalb zu Freiberg" griff Lucas Cranach d.Ä. Motive von Flugblättern auf und interpretierte sie als Zeichen einer dem Verfall ausgesetzten Kirche. Die dargestellten Monster sollen tatsächlich existiert haben: Eine Gestalt mit Eselskopf habe man 1496 im Tiber gefunden und das sog. Mönchskalb im Körper einer 1520 in Freiberg geschlachteten Kuh. Luther sah im Mönchskalb ein Abbild des Verfalls des Mönchtums und Melanchthon deutete den Fund des Papstesels als Zeichen für das nahe Ende des Papsttums, denn sowenig ein Eselskopf auf einen Menschenleib passe, sowenig passe der Papst als Oberhaupt auf die Kirche.

15. Oktober

Es war Lucas Cranach d. Ä. nicht vergönnt, einen ruhigen Lebensabend in Wittenberg zu verbringen. Als sein Fürst Johann Friedrich I. nach der Schlacht von Mühlberg 1547 in kaiserliche Gefangenschaft geriet, wurden die Zahlungen an Cranach als Hofmaler eingestellt. Auf Drängen seines Herrn folgte er diesem 1550 in die Gefangenschaft und hielt sich u. a. in Augsburg auf. Zuvor hatte er sein Testament gemacht, alle Ratsämter in Wittenberg niedergelegt und die Werkstatt seinem Sohn Lucas Cranach d. J. übergeben. Dieser schuf das eindrucksvolle Altersbild seines Vaters in dessen 77. Lebensjahr.

16. Oktober

Nach der Haftentlassung seines Herrn Johann Friedrich I. im September 1552 folgte Lucas Cranach d. Ä. dem Herzog in dessen neue Residenz Weimar, wo er bei seiner Tochter Barbara Quartier nahm. So hatte er im hohen Alter nochmals das Amt des Hofmalers inne. Der Künstler starb 81-jährig am 16. Oktober 1553 und wurde auf dem Jakobsfriedhof begraben. Die Inschrift auf dem Grabdenkmal *(Bild: Replik)* nennt ihn den „schnellsten Maler […], der durch seine Tugend drei sächsischen Kurfürsten und Herzögen teuer war".

17. Oktober

Der 1496 (oder 1498?) in Gunzenhausen geborene Andreas Osiander studierte in Ingolstadt und war dann zunächst Hebräischlehrer in Nürnberg. 1522 wurde er als Anhänger Luthers Prediger an der dortigen St.-Lorenz-Kirche und wirkte beim Nürnberger Religionsgespräch als Sprecher der Evangelischen. 1549 berief ihn Herzog Albrecht von Brandenburg-Ansbach als Theologieprofessor an die Universität Königsberg. Osiander setzte sich dafür ein, dass Kopernikus' Hauptwerk 1543 in Nürnberg erscheinen konnte. Er lehnte jeglichen Antijudaismus ab und engagierte sich für die Rechte der Juden. Luthers Hetzschrift gegen sie verwarf Osiander entschieden und widerlegte sie. Er starb am 17. Oktober 1552 in Königsberg.

18. Oktober

Nachdem König Maximilian I. am 6. Juli 1502 das Gründungsprivileg erteilt hatte, erfolgte am 18. Oktober 1502 die Gründung der Wittenberger Universiät Leucorea durch den sächsischen Kurfürsten Friedrich den Weisen. An ihr sollten Juristen, Theologen und Mediziner für die Landesverwaltung ausgebildet werden. Insbesondere das Wirken Martin Luthers und Philipp Melanchthons begründete ihren guten Ruf, sodass die Leucorea zwischen 1530 und 1620 zur meistbesuchten Universität des Reiches wurde. Das Bild zeigt die Wittenberger Universität im Jahr 1644.

19. Oktober

Am 19. Oktober 1512 wurde Luther zum Doktor der Theologie promoviert. Vielleicht schon vor April 1521 entstanden, stellt dieser Kupferstich Cranachs ihn in monumentaler Weise im Profil mit übergroßem Doktorhut dar. Profildarstellungen waren eigentlich Herrschern vorbehalten, so bei italienischen Medaillenbildnissen des 15. Jh. Auch von Luther wird nach Cranachs Stich eine Medaille geprägt, und durch beides wird er in eine Sphäre der Repräsentanz gerückt. Albrecht Dürer schuf 1523 mit seinem ersten Profilstich gleichsam ein Gegenstück, indem er Kardinal Albrecht in Anlehnung an Cranachs Luther ebenfalls vor einem dunkel schraffierten Grund darstellte.

20. Oktober

Nachdem Luther bei dem Verhör durch Kardinal Cajetan in Augsburg den geforderten Widerruf verweigert hatte, wurde die Lage für ihn so gefährlich, dass er sich der drohenden Verhaftung in der Nacht vom 20. zum 21. Oktober 1518 durch Flucht aus Augsburg entzog. Dabei hatte er es Georg Spalatin, dem Sekretär Kurfürst Friedrichs des Weisen, zu verdanken, dass er ungeschoren nach Wittenberg zurückkam. Zuvor wurde Luther von seinem langjährigen Beichtvater und Freund, Johann von Staupitz, Generalvikar der Augustiner-Eremiten in Deutschland, von seinem Gehorsamsgelübde entbunden *(Bild: Augsburg, Holzschnitt von 1493)*.

21. Oktober

In Anspielung auf die Insel Patmos, auf der der biblische Seher Johannes seine Offenbarungen zur Apokalypse empfangen hatte, nannte Luther die Wartburg „sein Patmos". Den zehnmonatigen Aufenthalt dort 1521/22 verbrachte er nicht untätig, sondern literarisch äußerst produktiv. Zahlreiche Schriften, in denen er sich mit seinen Gegnern auseinandersetzte, entstanden hier. Sie stellten zugleich grundsätzliche theologische Klärungen reformatorischer Positionen dar.

22. Oktober

Im kulturellen Gedächtnis der Deutschen ist der Wartburgaufenthalt Luthers vor allem mit dem Beginn seiner gewaltigen Übersetzungsleistung verbunden. In seiner dort noch erhaltenen Stube *(Bild)* übertrug er ab Herbst 1521 in wenigen Wochen den Text des griechischen Neuen Testaments ins Deutsche. Dabei bediente er sich der sächsischen Kanzleisprache, die in allen deutschen Regionen verstanden wurde. Übersetzungsgrundlage waren die von Erasmus von Rotterdam 1516 herausgegebene griechische Ausgabe des Neuen Testaments und die alte lateinische Bibelübersetzung des Kirchenvaters Hieronymus, die Vulgata.

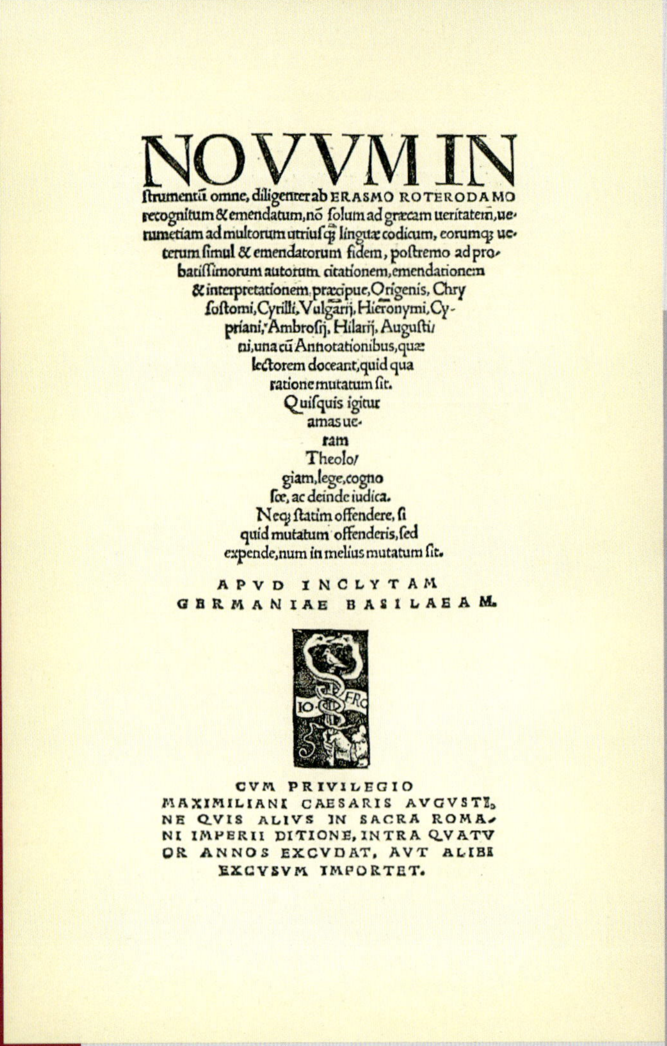

NOVVM IN
ſtrumentū omne, diligenter ab ERASMO ROTERODAMO
recognitum & emendatum, nō ſolum ad græcam ueritatem, ue-
rumetiam ad multorum utriuſq; linguæ codicum, eorumq; ue-
terum ſimul & emendatorum fidem, poſtremo ad pro-
batiſſimorum autorum citationem, emendationem
& interpretationem, præcipue, Origenis, Chry
ſoſtomi, Cyrilli, Vulgarij, Hieronymi, Cy-
priani, Ambroſij, Hilarij, Auguſti-
ni, una cū Annotationibus, quæ
lectorem doceant, quid qua
ratione mutatum ſit.
Quiſquis igitur
amas ue-
ram
Theolo-
giam, lege, cogno
ſce, ac deinde iudica.
Neq; ſtatim offendere, ſi
quid mutatum offenderis, ſed
expende, num in melius mutatum ſit.

APVD INCLYTAM
GERMANIAE BASILAEAM.

CVM PRIVILEGIO
MAXIMILIANI CAESARIS AVGVSTI,
NE QVIS ALIVS IN SACRA ROMA-
NI IMPERII DITIONE, INTRA QVATV
OR ANNOS EXCVDAT, AVT ALIBI
EXCVSVM IMPORTET.

23. Oktober

Das *Novum Instrumentum omne (Bild)* ist die erste kritische Ausgabe des Neuen Testaments in Griechisch. Der Text und dessen lateinische Übersetzung wurden durch Erasmus von Rotterdam vorbereitet und 1516 von Johann Froben in Basel zweisprachig gedruckt. Die Edition wurde Papst Leo X. gewidmet und lag in ihrer zweiten Ausgabe Martin Luther für seine Übersetzung ins Deutsche vor. Sie ist zwar nach modernen Gesichtspunkten unzureichend, aber mit ihr beginnt dennoch die wissenschaftliche Textedition der Bibel.

24. Oktober

Die „Vulgata“ (von lat. vulgáta „im Volk verbreitet“) ist eine lateinische Bibelübersetzung, die auf den Kirchenvater Hieronymus (347–420) zurückgeht. Für das Neue Testament überarbeitete er ab 382 schon vorfindliche ältere Übersetzungen. Ab 393 veröffentlichte er dann eine Übersetzung des gesamten Alten Testamentes, laut eigenen Angaben „nach dem Hebräischen“. Im Westen wurde die Vulgata etwa ab dem 9. Jh. als einzig gültige Bibel angesehen und fand ab Mitte des 15. Jh. durch den Buchdruck weite Verbreitung *(Bild: Stuttgarter Vulgata, Lyon 1519, Beginn des Matthäusevangeliums).*

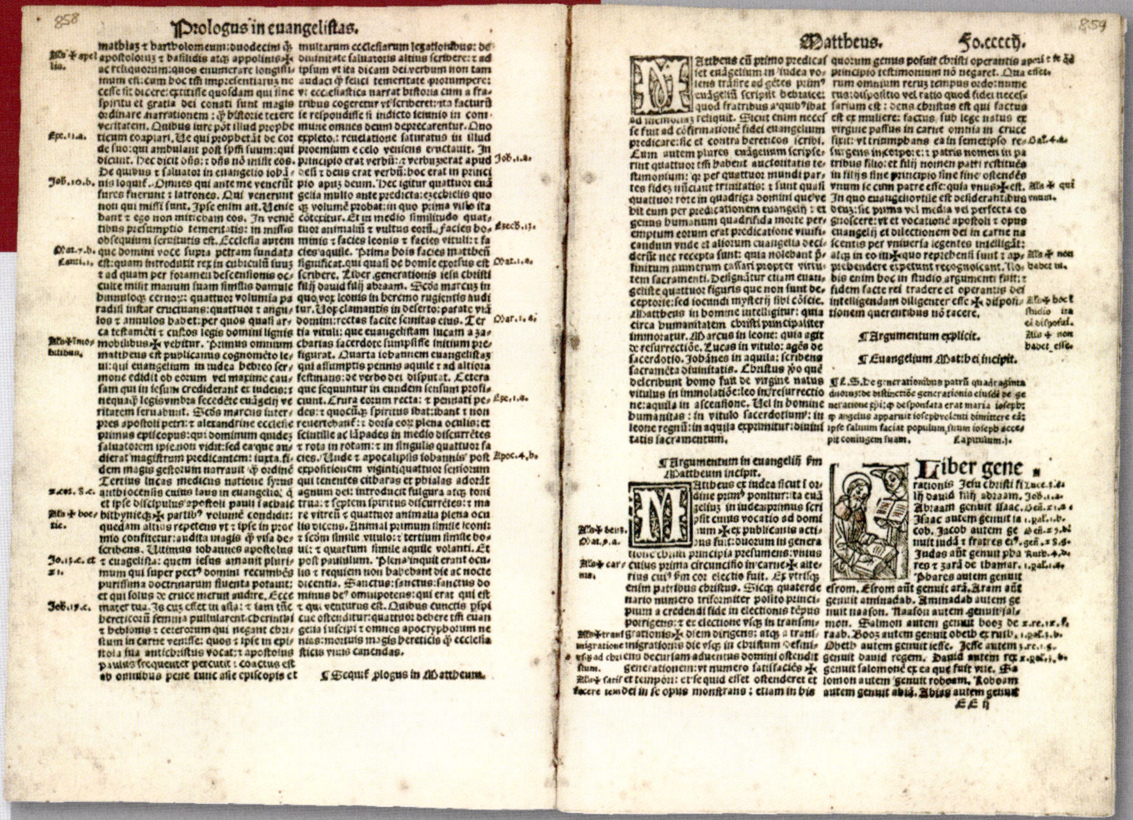

25. Oktober

Als Johannes Bugenhagen am 25. Oktober 1523 zum Wittenberger Stadtpfarrer *(Bild: Stadtkirche St. Marien)* gewählt wurde, bedeutete dies auch seine Aufnahme in den Kreis der Reformatoren. Neben seiner Lehrtätigkeit, der Mitarbeit an Luthers Bibelübersetzung und einer eigenen Bibelübertragung ins Niederdeutsche ordnete er das Kirchen- und Schulwesen u.a. in Braunschweig, Hamburg, Lübeck, Pommern, Holstein und Dänemark. In den langen Zeiten seiner dadurch bedingten Abwesenheit vertrat ihn Luther als Prediger an der Stadtkirche. Mit der Doktorpromotion 1533 wurde Bugenhagen noch Generalsuperintendent des Kurkreises Sachsen. Er starb am 20. April 1558 in Wittenberg.

26. Oktober

Die Wittenberger Stadtkirche St. Marien wurde Ende des 13. Jh. begonnen und von 1411–1439 zu einer spätgotischen Halle umgebaut. Von der mittelalterlichen Ausstattung ist 1522 auf Initiative von Andreas Bodenstein, genannt Karlstadt, vieles zerstört und entfernt worden. Neben der prachtvollen Messingtaufe (1457) und dem berühmten Reformationsaltar (1547, *Bildmitte*) bilden heute zahlreiche steinerne und gemalte Epitaphien des 16. und 17. Jh. den Reichtum dieser „Mutterkirche der Reformation". Außer Bugenhagen predigte hier bevorzugt Luther. Erstmals wurde hier die Heilige Messe in Deutsch gefeiert und das Abendmahl der Gemeinde „in beiderlei Gestalt" (Brot *und Wein*) gereicht. In der katholischen Messfeier wird der Gemeinde nur das Brot ausgeteilt.

27. Oktober

Der spanische Arzt, Humanist und Theologe Michel Servet (geb. 1509 oder 1511) versuchte um 1530, verschiedene Reformatoren in Straßburg und der Schweiz für seine Kritik an der kirchlichen Trinitätslehre zu gewinnen, was zu heftigen Reaktionen führte. Servet siedelte nach Frankreich über, traf 1536 in Paris Calvin und trat mit ihm später in Briefwechsel, wobei die Differenzen zwischen ihnen zunahmen. Wegen seiner Lehren von der Inquisition in Vienne verhaftet, konnte Servet nach Genf fliehen, wo ihn Calvin ebenfalls verhaften und ihm den Prozess machen ließ. Unter Mitwirkung Calvins und Farels wurde Michel Servet zum Tod verurteilt und am 27. Oktober 1553 in Genf auf dem Scheiterhaufen verbrannt.

Der „Humanistenfürst" Erasmus wurde als unehelicher Sohn eines Priesters am 28. Oktober 1466 oder 1469 in Rotterdam geboren. Nachdem er 1492 zum Priester geweiht worden war, trat er in die Dienste des Bischofs von Cambrai und studierte 1495–99 in Paris Theologie. Es folgten Aufenthalte in England und Italien und von 1509 bis 1514 im Hause seines Freundes Thomas Morus in London. Seine Kritik am Klerus rückte ihn in die Nähe Luthers, den er aber u.a. wegen seiner Haltung im Bauernkrieg kritisierte. In der Frage des freien Willens nahmen beide konträre Positionen ein. Durch zahlreiche Schriften und Kontakte wurde Erasmus als Humanist in ganz Europa berühmt *(Bild: Gemälde von Hans Holbein d. J.)*.

28. Oktober

29. Oktober

Das von Hans Baldung Grien, dem bedeutendsten Schüler Albrecht Dürers, 1523 gemalte Bild zeigt zwei nackte Frauen, von denen eine auf einem Ziegenbock sitzt, einen Flaschendämon in der Hand haltend. Ein puttenähnliches Kind zieht ihr die letzte Hülle weg. Über einem schwefelgelben Hintergrund dräuen die Rauchwolken einer riesigen Feuersbrunst. Man hat das Bild als Darstellung zweier Hexen verstanden, die mit Schadenzauber ein Unwetter heraufbeschwören. Es könnten aber auch zwei Prostituierte sein (der Ziegenbock verweist auf die Geilheit!), die den Betrachter zu verführen suchen, aber zugleich vor der aus Amerika eingeschleppten Syphilis, die in Europa hunderttausende Opfer forderte, symbolisch warnen.

30. Oktober

Das 1617 in Leipzig gedruckte Flugblatt stellt die Erzählung eines angeblichen Traumes von Friedrich dem Weisen dar, den er in der Nacht vor Luthers Thesenanschlag im Schloss zu Schweinitz gehabt haben soll. Danach soll ein dem Apostel Paulus ähnlicher Mönch etwas mit einer riesigen Feder an die Tür der Schlosskirche zu Wittenberg geschrieben haben. Der Federkiel sei so lang gewesen, dass er bis nach Rom gereicht und dem Papst beinahe die Tiara vom Kopf gestoßen habe. Im Bild durchstößt die Feder den Kopf eines Löwen (Papst Leo X.). Die Gans rechts vorne auf dem Scheiterhaufen ist eine Anspielung auf die Verbrennung des tschechischen Reformators Jan Hus beim Konstanzer Konzil im Jahr 1415.

31. Oktober

Der Holzschnitt von Lucas Cranach d. Ä. aus dem Jahr 1509 zeigt die damals gerade fertiggestellte Wittenberger Schlosskirche, die ab 1507 auch Universitätskirche war. Die Tür des linken Portals soll als Anschlagbrett für Universitätsnachrichten gedient haben. In der Forschung ist umstritten, ob der Thesenanschlag durch Luther wirklich in der überlieferten Weise stattgefunden hat. Allerdings notierte 1541 der Theologe und Assistent Luthers, Georg Rörer (1492–1557), in Latein auf der letzten Seite einer Luther-Bibel von 1540: *„Im Jahr 1517 am Vorabend von Allerheiligen sind in Wittenberg an den Türen der Kirchen die Thesen über den Ablass von Doktor Martin Luther vorgestellt worden."*

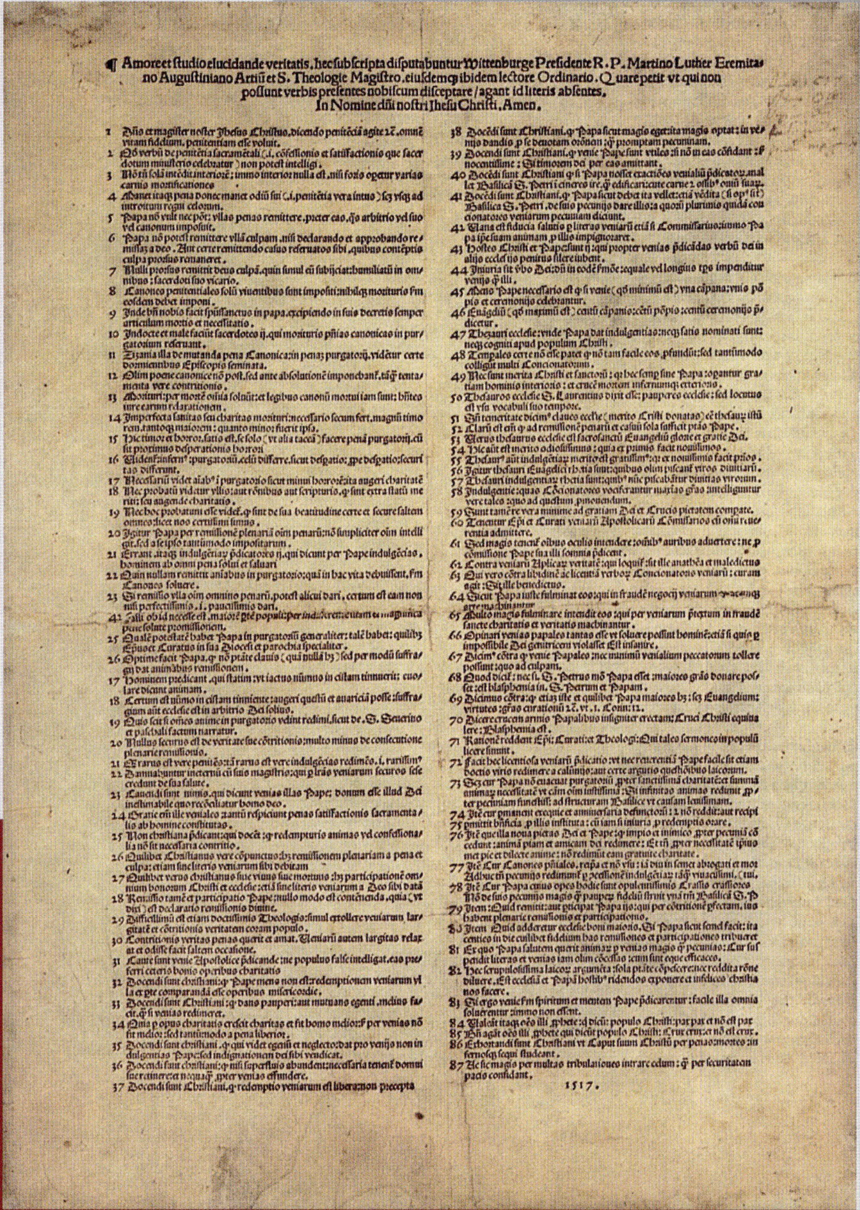
Amore et studio elucidande veritatis, hec subscripta disputabuntur Wittenburge Presidente R. P. Martino Luther Eremitano Augustiniano Artium et S. Theologie Magistro, eiusdemque ibidem lectore Ordinario. Quare petit ut qui non possunt verbis presentes nobiscum disceptare / agant id literis absentes. In Nomine domini nostri Jhesu Christi. Amen.

1517.

1. November

Anders als der Thesenanschlag am Schlosskirchen-Portal, dessen Historizität umstritten ist, gilt unter Historikern als gesichert, dass Luther am 31. Oktober 1517 Briefe an seine Vorgesetzten schrieb, in denen er die Praxis des Ablasshandels anprangerte und die Behebung der Missstände anmahnte. Diesen Briefen legte er die 95 Thesen *(Bild: Plakatdruck der 95 Thesen)* bei, die als Grundlage für eine Disputation über das Thema dienen sollten. Luther versandte sie im Laufe des Herbstes dann an weitere Würdenträger, Theologen und Freunde. Die Thesen wurden durch rasche Nachdrucke verbreitet und lösten ein enormes Echo aus.

2. November

Auffällig ist, dass bis zu Luthers Tod 1546 von dessen Thesenanschlag in keiner gedruckten reformatorischen Publikation die Rede ist. Erst später wurde das Ereignis durch eine Erwähnung Philipp Melanchthons in dessen Vorrede zu einer Ausgabe der Werke Luthers bekannt und populär. Vor allem bildliche Darstellungen haben dazu beigetragen, dass der Thesenanschlag bis heute einer breiten Öffentlichkeit bekannt ist. Die Historienmalerei des 19. Jh. trug zu einer Überhöhung und Heroisierung des Ereignisses bei, wie sich auch in dem hier gezeigten Gemälde von Ferdinand Pauwels aus dem Jahre 1872 zeigt.

3. November

In einer amerikanisch-deutsch-britischen Koproduktion von 2003 wurde unter der Regie von Eric Till die entscheidende Phase in der Lebensgeschichte Martin Luthers verfilmt. Die Titelrolle in „Luther“ spielte Joseph Fiennes *(Szenenfoto: Thesenanschlag)*, weitere wichtige Rollen wurden prominent besetzt. So war Sir Peter Ustinov als Friedrich der Weise hier in seiner letzten Rolle zu sehen, bevor er im März 2004 starb. Trotz einer Reihe von historischen Ungenauigkeiten bietet dieser an vielen Originalschauplätzen gedrehte Film eine durchaus differenzierte Sicht auf die Ereignisse einer Zeit der geistig-religiösen und gesellschaftlichen Aufbrüche.

4. November

Das in Knüttelversen verfasste Spruchgedicht „Die Wittenbergisch Nachtigall“ (1523) von Hans Sachs erläutert in Gestalt der antiken Tierfabel auf volkstümliche Weise die Lehren Luthers. Auf dem Titelholzschnitt *(Bild)* sind reißende Wölfe, verirrte Schafe und andere Tiere friedlich miteinander vereint und lauschen dem Gesang der Nachtigall, mit der Martin Luther gemeint ist. Der unter dem Baum sitzende Löwe ist wohl eine Anspielung auf Papst Leo X., während das links auf einem Hügel stehende Lamm mit Kreuzesfahne ein Symbol für Jesus Christus ist.

5. November

Am 5. November 1494 als Sohn eines Schneiders in Nürnberg geboren, war Hans Sachs später dort als Schuhmacher tätig. Darüber hinaus pflegte er den Meistergesang und war literarisch sehr produktiv, wovon zahlreiche Stücke und Meisterlieder zeugen. Bis heute berühmt sind vor allem seine Fastnachtsspiele. Früh schon engagierte sich Hans Sachs für die Sache Luthers, was für ihn zunächst Nachteile mit sich brachte. Nach Einführung der Reformation in Nürnberg im Jahr 1529 wurde er zum Volkshelden und starb dort hochgeachtet am 19. Januar 1576. Die Deutsche Bundespost ehrte ihn mit einer Briefmarke *(Bild)* zum 500. Geburtstag 1994.

6. November

Der aufwendige höfische Lebensstil des am 8. Februar 1487 geborenen Herzogs Ulrich von Württemberg ruinierte die Staatskassen und führte zu Aufständen unter der Bevölkerung. Als er den Ritter Hans von Hutten 1515 wegen angeblichen Ehebruchs mit seiner Frau ermorden ließ, wurde er vom Kaiser in Reichsacht getan und nach einem Überfall auf die Stadt Reutlingen 1519 aus seinem Land vertrieben. 1534 gelang ihm mit Hilfe des hessischen Landgrafen Philipp I. die Rückeroberung Württembergs, wo er im gleichen Jahr die Reformation einführte. Er schloss sich 1536 dem Schmalkaldischen Bund an. 1546 besetzten im Schmalkaldischen Krieg kaiserliche Truppen das Land. Über dem Prozess wegen seiner Kriegsteilnahme starb Herzog Ulrich am 6. November 1550 in Tübingen.

7. November

Bei einem Beschuss im Siebenjährigen Krieg war die historische Thesentür der Wittenberger Schlosskirche 1760 zu Asche verbrannt. An ihrer Stelle wurden in das erhaltene gotische Portal zwei aus Bronze gegossene Türflügel eingesetzt, auf deren durch Säulchen unterteilten Flächen der Text der 95 Thesen steht. Im Tympanon darüber stellt ein (damals neuartiges) Lavagemälde des Malers Kloeber die Stadtsilhouette von Wittenberg mit dem gekreuzigten Christus dar. Darunter knien Luther mit der deutschen Bibel und Melanchthon mit der Augsburgischen Konfession. Die Einweihung des Portals fand am 10. November 1858 statt.

8. November

An der südöstlichen Ecke der Wittenberger Stadtkirche befindet sich ein „Judensau“ genanntes mittelalterliches Sandsteinrelief. Es zeigt Juden und Schweine in einer obszönen Verbindung und soll die Juden verunglimpfen und demütigen. Luther nahm in seinen antijudaistischen Ausfällen direkt darauf Bezug. Das Motiv der „Judensau“ findet sich in Deutschland an oder in mindestens 25 Kirchen. In Wittenberg ließ die evangelische Stadtkirchengemeinde 1988 unter dem Schmähbild eine Gedenkplatte aus Bronze für die sechs Millionen jüdischen Opfer des nationalsozialistischen Rassenwahns in den Boden einlassen.

9. November

In Luthers frühen „Judenschriften" finden sich noch moderate Töne, insbesondere in der Schrift „Das Jesus Christus ein geborener Jude sei" (1523). Wohl aus Enttäuschung darüber, dass sie sich nicht zu dem durch die Reformation geläuterten Christentum bekehren wollten, verfasste Luther später eine Reihe von antijudaistischen Schriften, deren bekannteste „Von den Juden und ihren Lügen" (1543) ist *(Bild: Titelblatt)*. Unter Verwendung vieler damaliger Stereotype werden sie darin als Bedrohung des Christentums dargestellt. Was Luther dann als „treuen Rat" gibt, liest sich wie die Vorwegnahme nahezu aller Nazigräuel gegen die Juden im 20. Jh.

Von den Jü-
den vnd jren
Lügen.
D. M. Luth.
Gedrückt zu Wittemberg /
Durch Hans Lufft.
M. D. XLIII.

10. November

Das Geburtshaus Martin Luthers in Eisleben, in dem er am 10. November 1483 zur Welt kam, wurde bei einem Stadtbrand 1689 bis auf die Grundmauern zerstört, sodass an originaler Bausubstanz nur die Keller aus dem 15. Jh. erhalten sind. Darüber ließ die Stadt Eisleben einen 1693 eingeweihten Memorialbau errichten, der heute noch steht und eines der ältesten Museen Deutschlands darstellt. Er ist größer als das ursprüngliche Haus und wurde bei der letzten Umgestaltung (2005 bis 2007) durch einen Neubau erweitert.

11. November

Der Turm der St.-Petri-Pauli-Kirche in der damaligen Südvorstadt von Eisleben wurde zwischen 1447 und 1474 errichtet, während der Bau des Langhauses erst im August 1486 begonnen wurde. Daher nimmt man an, dass Martin Luther am 11. November 1483 in der Turmkapelle getauft wurde. Bis 1500/01 war das Langhaus weitgehend fertiggestellt und spätestens 1513 begann man, den Chor zu bauen. In den Jahrhunderten danach immer wieder erneuert, wurde die Kirche zwischen 1834 und 1837 zu einer Erinnerungsstätte für Luther umgewandelt und die bisherige Ausstattung weitgehend vernichtet. Später erfolgte eine Ausgestaltung im Geiste des Historismus.

12. November

In den Jahren 2010–2012 erfolgte eine Neugestaltung der St.-Petri-Pauli-Kirche Eisleben als „Zentrum Taufe“. Einen besonderen Akzent stellt dabei der kreisrunde Taufbrunnen im östlichen Mittelschiff dar, ein immer mit frischem Wasser gefülltes Bassin, das von dunklen Kreisen und Kreissegmenten im hellen Betonfußboden umgeben ist. Sie stellen abstrakt die konzentrischen Wellenbewegungen dar, die symbolisch auf die Wirkungen der Taufe anspielen.

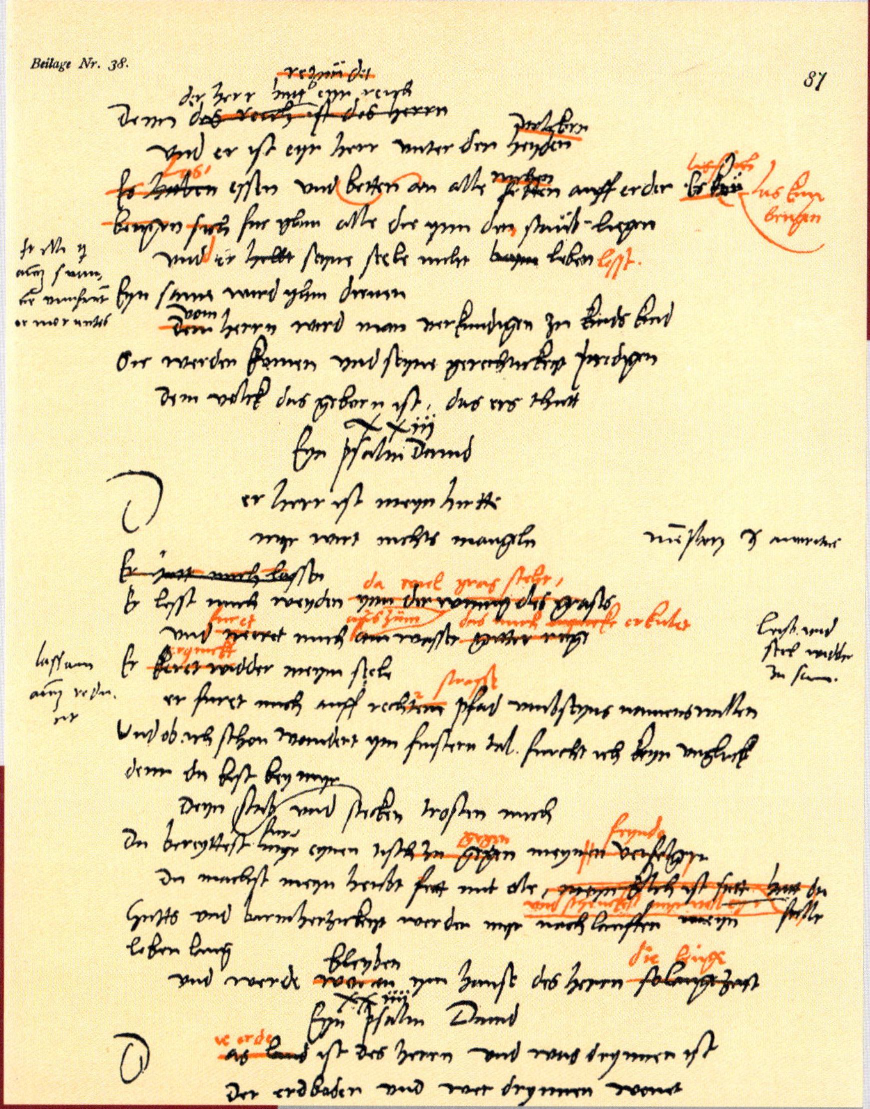
Beilage Nr. 38.

87

13. November

Während Luther für die Übersetzung des Neuen Testamentes nur ganze elf Wochen brauchte, benötigte das Alte Testament zwölf Jahre. Zwar unterstützen ihn dabei mehrere Mitarbeiter, doch trägt die Übersetzung in allen Teilen deutlich Luthers Handschrift. Dies wird an der theologischen Prägung und vor allem an der Sprachgewalt, Bildhaftigkeit, Sprechbarkeit und Eingängigkeit der Texte deutlich. Eine Grundlage der Übersetzung bildete dabei die sächsische Kanzleisprache, weil diese fast überall in Deutschland verstanden wurde. Auch deswegen entfaltete Luthers Bibelübersetzung eine so enorme Wirkung *(Bild: Manuskript von 1524, mit roter Tinte korrigierte Erstfassung der Übersetzung von Psalm 23).*

14. November

Der Holzschnitt von Sebald Beham (1524) zeigt Luther, wie er – gleich einem vom Heiligen Geist inspirierten Evangelisten – am Schreibpult sitzt, den Blick auf ein Kruzifix gerichtet. Damit wird der spirituelle Rahmen seiner harten Übersetzungsarbeit angedeutet, über deren Prinzipien Luther selbst am deutlichsten in seinem „Sendbrief vom Dolmetschen" aus dem Jahr 1530 Auskunft gegeben hat. Leitend waren die Orientierung an der Volkssprache und der Grundsatz „Textsinn geht vor Wörtlichkeit". Wenn es aber um grundsätzliche Aussagen der Bibel ging, so wollte Luther „lieber der deutschen Sprache Abbruch tun, als von dem Wortlaut weichen."

15. November

Schon 1523 erschienen die fünf Bücher Mose in deutscher Übersetzung, ein Jahr später die Geschichtsbücher, während die Propheten Luther und seinen Mitarbeitern deutlich mehr Mühe machten. 1534 wurde dann die „gantze Heilige Schrift Deutsch“ *(Bild: Titelblatt)* durch Hans Lufft in Wittenberg gedruckt. Sie ist mit Illustrationen des bislang unbekannten Monogrammisten MS aus der Cranach-Werkstatt versehen. Ein Korrektor aus Luffts Druckwerkstatt berichtet: „Luther hat die Figuren in der Wittenbergischen Biblia zum Teil selber angegeben, wie man sie hat sollen reißen oder malen […].“

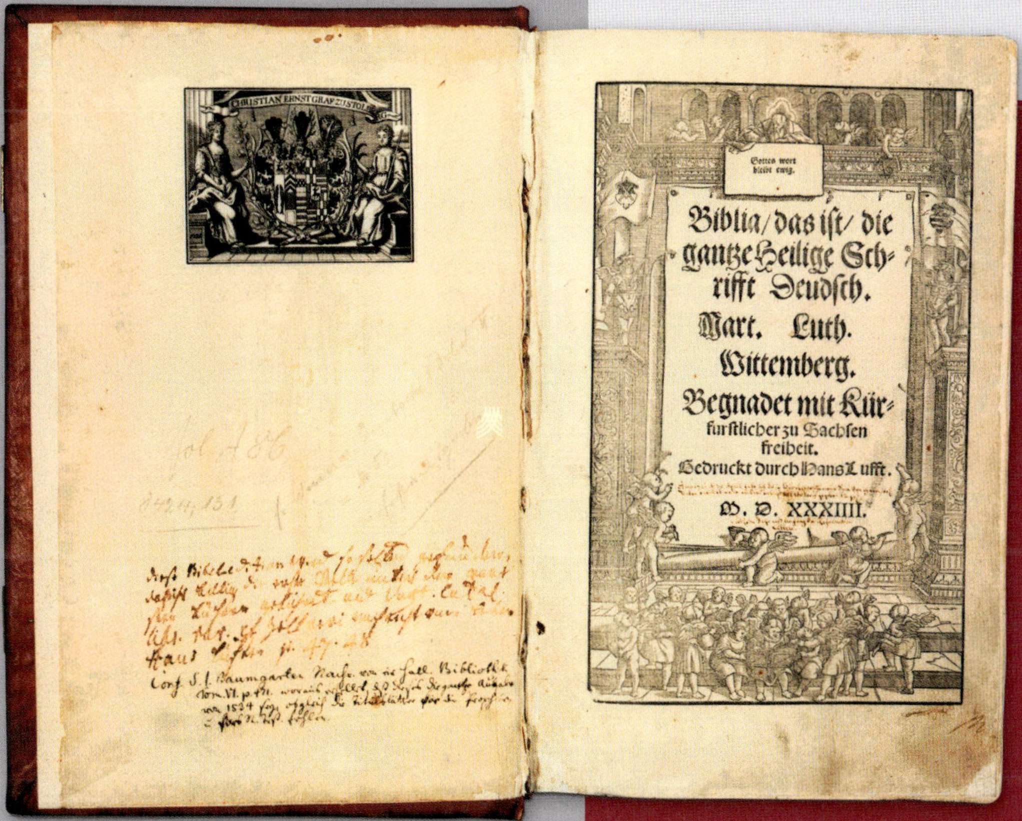

16. November

Als Sohn eines Kaufmanns wurde Caspar Cruziger am 1. Januar 1504 in Leipzig geboren und studierte an der dortigen Universität, bevor er 1521 nach Wittenberg übersiedelte und dort neben theologischen auch naturwissenschaftliche Studien betrieb. Später erhielt er eine Professur für Theologie, half Luther bei der Übersetzung des Alten Testaments und war Herausgeber von dessen Predigten. In der Zeit des Schmalkaldischen Krieges versuchte er mit Melanchthon und Paul Eber, die Wittenberger Universität zu erhalten, deren Rektor er in diesen Jahren war. Caspar Cruziger starb am 16. November 1548.

17. November

Das Bild zeigt den Epitaph, den Lucas Cranach d.J. 1569 für den Theologen, Reformator und Kirchenliederdichter Paul Eber (1511–1569) schuf. Von Melanchthon gefördert, übernahm Eber nach dem Tod Bugenhagens 1558 dessen Stelle als Generalsuperintendent des sächsischen Kurkreises und wurde damit Oberpfarrer an der Wittenberger Stadtkirche. Nach dem Tod Melanchthons 1560 war er der wohl wichtigste Theologe in Wittenberg. Das Gemälde stellt in radikaler Bildpolemik das Zerstörungswerk der Papstkirche dem pflegenden und bewahrenden Wirken der Reformatoren im Weinberg des Herrn gegenüber.

18. November

Aus der mächtigen Familie Medici stammend, wurde Giulio de' Medici am 26. Mai 1478 in Florenz geboren. Mit dem Pontifikat seines Cousins Papst Leo X. (1513–1521) konnte er zahlreiche Pfründen übernehmen und wurde 1513 zum Kardinal ernannt. Am 18. November 1523 zum Papst gewählt, nannte er sich Clemens VII. In den Kriegen zwischen Kaiser Karl V. und Franz I. von Frankreich verhielt er sich zunächst neutral, verbündete sich dann mit Frankreich und wurde 1527 vom Kaiser gefangen genommen. Nachdem dieser mit ihm 1529 Frieden geschlossen hatte, wurde Karl V. am 24. Februar 1530 in Bologna vom Papst gekrönt. Clemens VII. stärkte Macht und Einfluss seiner Familie. Er starb am 25. September 1534 in Rom.

19. November

Das letzte Gemälde Raffaels, an dem er bis zu seinem Tod 1520 arbeitete, ist der Darstellung zweier Ereignisse aus dem Neuen Testament gewidmet. Die obere Bildhälfte zeigt die Verklärung Christi (Matthäus 17,1–9), während unten die Heilung eines besessenen („mondsüchtigen") Jungen durch Jesus (Matthäus 17,14–21) dargestellt ist. Auftraggeber für das Werk war Giulio de' Medici, der spätere Papst Clemens VII., der das Bild ursprünglich für die Kathedrale von Narbonne vorgesehen hatte, es dann aber behielt und nach seiner Wahl zum Papst 1523 in der römischen Kirche San Pietro in Montorio aufstellen ließ.

20. November

In einer Angelegenheit seines Ordens reiste Luther als Begleiter eines älteren Mitbruders im Herbst 1510 oder 1511 nach Rom. Gegenüber der Millionenstadt, die Rom in ihrer antiken Blütezeit war, nahm es sich zu Beginn des 16. Jh. wie eine bescheidene Landstadt aus, bei der die Ruinenfelder größer waren als das Wohngebiet. Luther brachte es später drastisch auf den Punkt: „Rom, wie es itzund gesehen wird, ist wie ein totes Aas gegen die vorigen Gebäude." Die Darstellung aus der Schedelschen Weltchronik (1493) zeigt vor allem die antiken Ruinen und Kirchen sowie den Vatikan mit Alt-St. Peter (rechts der Mitte, oben).

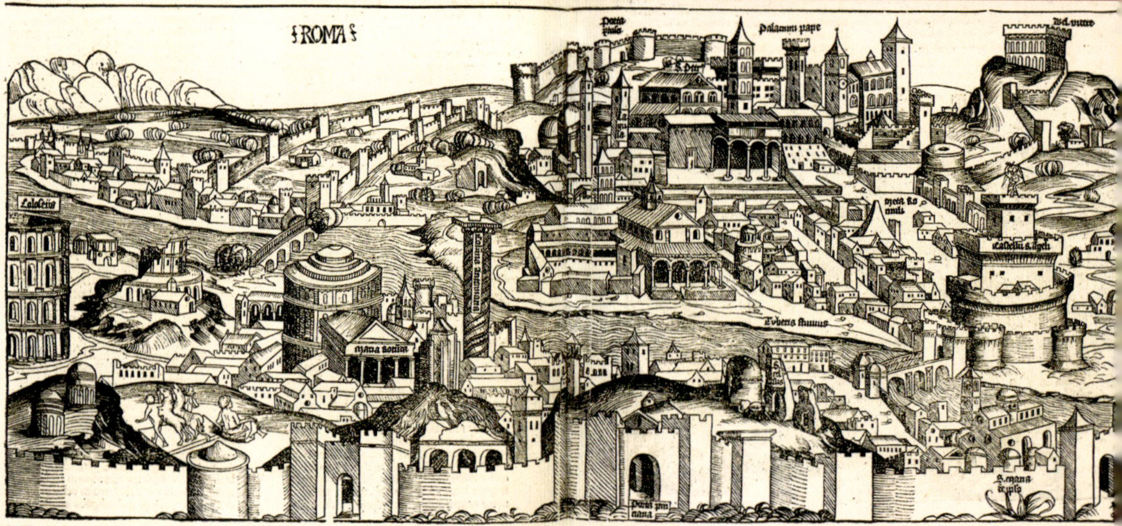

21. November

Als Luther nach der langen und strapaziösen Fußreise an der alten Via Cassia Rom zuerst erblickte, sank er – wie er später erzählte – mit dem Ausruf nieder: „Sei gegrüßt, du heiliges Rom, wahrhaftig heilig von den heiligen Märtyrern, von deren Blut es trieft." Während seines Aufenthalts in der „ewigen Stadt" wohnte er wohl im Augustinerkonvent bei Santa Maria del Popolo *(im Bild rechts)*, gleich neben dem Stadttor Porta del Popolo. Die Romreise war jedoch nicht das Schlüsselerlebnis auf dem Weg zur Reformation, zu dem sie Luther später vor allem in den Tischreden stilisiert hat.

22. November

„In Rom war ich auch so ein toller Heiliger, lief durch alle Kirchen und Kluften [Katakomben] und glaubte alles, was daselbst erlogen und erstunken ist." So erinnert sich Luther 1538 in seinen Tischreden. Unter anderem absolvierte er an einem Tag die sieben Hauptkirchen *(Bild: Stich aus „Speculum Romanae Magnificentiae", 1590)*, „die man unter totalem Fasten der Reihe nach besuchen musste, ehe man zur Kommunion in St. Peter zugelassen war" (Hanns Lilje). Befremdet war Luther von den italienischen Priestern, die „so sicher und so fein rips raps konnten Messe lesen, als trieben sie ein Gaukelspiel".

23. November

Die zwischen dem 10. und 15. Jh. erbaute ehemalige Basler Bischofskirche ist seit dem 9. Februar 1529 die evangelisch-reformierte Hauptkirche der Stadt. Viele kostbare Kunstwerke im Inneren wurden an diesem Tag durch Bilderstürmer vernichtet, da die Reformierten Bilderverehrung mit Götzendienst gleichsetzten. Erasmus von Rotterdam berichtete in einem Brief: „Von Standbildern wurde nichts unversehrt gelassen [...]. Was von gemalten Bildern vorhanden war, wurde mit einer Übertünchung von Kalk bedeckt; was brennbar war, wurde auf den Scheiterhaufen geworfen, was nicht, wurde Stück für Stück zertrümmert. Weder Wert noch Kunst vermochten, dass irgendetwas geschont wurde."

24. November

Johannes Oekolampad wurde 1482 in Weinsberg geboren. Nach dem Grundstudium studierte er 1503/04 in Bologna Jura und anschließend in Heidelberg Theologie. Danach zunächst in Weinsberg tätig, vertiefte er seine Sprachkenntnisse und half 1515/16 Erasmus von Rotterdam bei der Drucklegung des griechischen Neuen Testaments in Basel, wo er auch zum Dr. theol. promoviert wurde. Nach einer Zeit des Rückzuges und der Übernahme reformatorischer Anschauungen wurde Oekolampad 1522 Theologieprofessor und Prediger in Basel, wo er nach der offiziellen Einführung der Reformation 1529 kirchenleitend tätig war. Er gilt neben Zwingli als wichtigster Führer der Evangelischen in der Schweiz und starb am 24. November 1531 in Basel.

25. November

Der schottische Reformator John Knox wurde vermutlich um 1514 geboren. Er studierte Philosophie, Theologie und Jura, wurde zum Priester geweiht und war ab 1543 als Privatlehrer tätig. In dieser Zeit schloss er sich den Protestanten an. Nachdem Knox an einem Aufstand in St. Andrews beteiligt war, geriet er 1547 in französische Kriegsgefangenschaft und war zwei Jahre Galeerensträfling. Unter dem protestantischen König Edward VI. konnte er relativ ungehindert wirken, musste aber nach Regierungsantritt von Maria der Katholischen 1554 aus England fliehen. In Genf übernahm er Calvins Lehren. Ab 1555 war er immer wieder in England und Schottland als Reformator tätig, gefährdet durch einen jahrelangen Kampf mit Maria Stuart. Knox starb am 24. November 1572 in Edinburgh.

26. November

Durch den Schmalkaldischen Krieg 1546/47 wurde auch die Stadtsilhouette von Wittenberg verändert, denn man hatte in dieser Zeit die spitzen gotischen Turmhelme der Stadtkirche St. Marien *(Bildmitte)* gekappt, um auf den so entstandenen Plattformen Kanonen für die Verteidigung postieren zu können. Die achteckigen Hausmannstürme wurden 1556 errichtet. Ganz links ist das Schloss mit Schlosskirche zu sehen und rechts neben den Collegiengebäuden der Universität das Haus Melanchthons.

27. November

Wohl auf Betreiben Luthers heiratete der jüngste der vier Wittenberger Reformatoren, Philipp Melanchthon, als Erster. Am 27. November 1520 wurden er und Katharina Krapp (1497–1557), die Tochter eines Wittenberger Tuchhändlers, getraut. Zunächst lebte das Paar in einem bescheidenen Haus, das allmählich verfiel. Als Melanchthon 1536 aus Wittenberg fortzuziehen drohte, wurde ihm auf Kosten des Kurfürsten Johann Friedrich I. ein neues, dreigeschossiges Gelehrtenhaus mit einem schönen Renaissancegiebel und großem Garten errichtet, in das die Familie 1537 einziehen konnte.

28. November

Das 1537 bezogene Haus bot Raum für Melanchthons Familie und für Studenten. Durch die Anbindung an das Röhrwassersystem verfügte man schon 1556 über fließendes Wasser. Nach Melanchthons Tod diente das Haus der Universität als Professorenwohnung. Der preußische Staat erwarb es 1845 aus Privatbesitz und ließ es renovieren. Das straßenseitig im ersten Obergeschoss gelegene Studier- und Sterbezimmer Melanchthons *(Bild)* wurde dabei Ende des 19. Jh. historisierend nachgebildet. Von 2010 bis Anfang 2013 wurde das Gebäude saniert und um einen unschönen Neubau erweitert.

29. November

Hans Holbein d.J., einer der bedeutendsten Renaissance-Maler, wurde als Spross einer namhaften Künstlerfamilie wohl im Winter 1497/98 in Augsburg geboren. Nach der Ausbildung in der Werkstatt des Vaters zog er zusammen mit seinem Bruder Ambrosius 1515 nach Basel. Hier illustrierte er u.a. Werke von Erasmus von Rotterdam und Thomas Morus, die er beide später auch porträtierte. Nach Aufenthalten in Frankreich und England verließ Holbein die Stadt 1532 endgültig. Er ging nach England, wurde 1536 Hofmaler König Heinrichs VIII. und war als brillanter Porträtist hochgeschätzt. Am 29. November 1543 starb Hans Holbein d.J. in London an der Pest *(Bild: Selbstbildnis um 1542)*.

30. November

Wahrscheinlich im Jahr 1519 heiratete Hans Holbein d.J. die vier Jahre ältere Elsbeth Binzenstock, die Witwe eines Basler Gerbers. Dadurch konnte er der Malerzunft in Basel beitreten und erhielt am 3. Juli 1520 das Bürgerrecht. Das Bild, eines der ersten, das ein Künstler von seiner eigenen Familie gefertigt hat, zeigt seine Ehefrau mit den beiden älteren von insgesamt vier Kindern, Philipp (geb. 1521) und Katharina (geb. ca. 1526). Es entstand 1528, nach Holbeins Rückkehr aus England. Als er 1532 endgültig dorthin übersiedelte, blieb seine Familie in Basel.

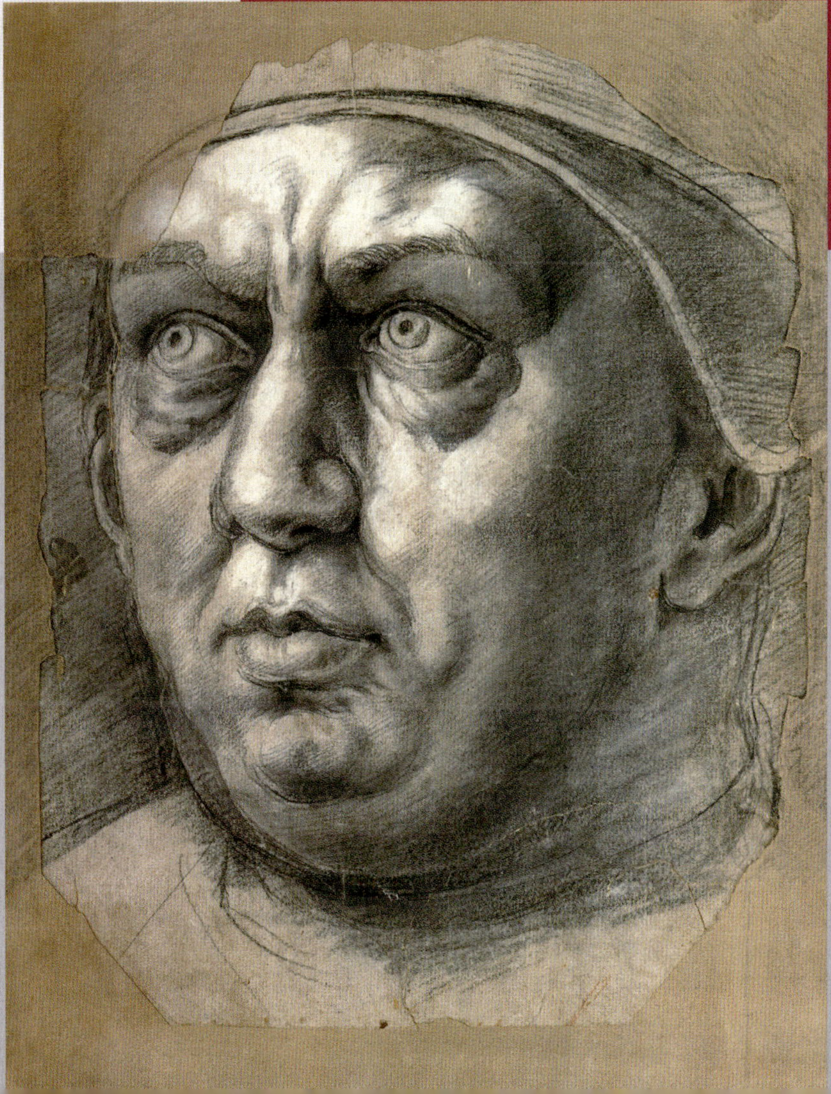

1. Dezember

Papst Leo X. pflegte eine prunkvolle Hofhaltung und ließ einige der besten Künstler Italiens für sich arbeiten. Der Prestigebau der neuen Peterskirche sollte durch Ablassgelder mitfinanziert werden. Leo X. stand den Forderungen Luthers nach einer tiefgreifenden Kirchenreform verständnislos gegenüber und erkannte nicht die Notwendigkeit, innerkirchliche Missstände zu beseitigen. Mit Bulle und Bann versuchte er, ihn mundtot zu machen. Der Papst war vor allem mit italienischer und europäischer Politik befasst und agierte in wechselnden Bündnissen mit Frankreich und mit Kaiser Karl V. Er starb am 1. Dezember 1521 in Rom.

2. Dezember

Auf diesem polemischen Flugblatt, das um 1568 gedruckt wurde, also lange nach dem Tod von Papst Leo X. und Luther, agieren beide als Vertreter der konträren Konfessionen. Luther steht gleich Moses mit aufgeschlagener Bibel auf einem Hügel, zu seinen Füßen die Männer der Wittenberger Reformation, allen voran Melanchthon. Diesem gegenüber zerrt der Konvertit und Gegner Luthers, Friedrich Staphylus („Judas"), eine feuerspeiende Chimäre am Strick. Im Zentrum sitzt Papst Leo X. mit bröckelnder Schlüsselgewalt auf wackligem Thron, von Jesuiten mit Heugabeln gestützt. Hinter ihnen ziehen Dominikanermönche mit Fackeln und Schwertern als Träger der Inquisition auf und über ihnen Kleriker mit Kirchengerät und Reliquiaren.

3. Dezember

Daniele da Volterras Gemälde „Moses am Berg Sinai" (um 1540) ist ein Simultanbild, das drei biblische Ereignisse vereint. Oben auf dem Berg empfängt Moses kniend die Gesetzestafeln von Gott, dessen leuchtende himmlische Herrlichkeit durch einen Wolkenkranz eingefasst ist. Am Fuß des Berges sind die Israeliten um das „Goldene Kalb" versammelt, als Moses vom Berg herabkommt. Sein unerwartetes Erscheinen löst Erschrecken und Furcht aus. Dies wird besonders dramatisch im Vordergrund durch einige kniende Frauen zum Ausdruck gebracht, die verwirrt und angstvoll wirken. Moses hat die Tafeln erhoben und wird sie im nächsten Moment zerschmettern. Im linken Hintergrund ist in Grautönen das schreckliche Strafgericht über das Volk angedeutet.

4. Dezember

Willibald Pirckheimer, der Humanist und Freund Albrecht Dürers, wurde am 5. Dezember 1470 in Eichstädt geboren und war nach Studien in Pavia und Padua ab 1495 in Nürnberg ansässig, wo er 1496–1523 Ratsherr war. Außerdem war er kaiserlicher Rat Maximilians I. sowie später Karls V. Pirckheimer, der im Zentrum des Nürnberger Humanistenkreises stand, übertrug u.a. die Schriften griechischer Autoren ins Lateinische und verfasste selbst Satiren. Er setzte sich für Johannes Reuchlin und auch für Martin Luther ein, blieb persönlich aber beim katholischen Glauben. Er starb am 22. Dezember 1530 in Nürnberg.

5. Dezember

Der spätere Papst Julius II. wurde als Giuliano della Rovere am 5. Dezember 1443 in Albisola Superiore geboren. Durch seinen Onkel, Papst Sixtus IV., wurde sein Aufstieg in der Kurie befördert. Am 1. November 1503 zum Papst gewählt, verstand er sein Amt mehr im Sinne eines italienischen Territorialfürsten und bemühte sich um die Stärkung des Kirchenstaates unter Zurückdrängung des venezianischen und französischen Einflusses. Zu seiner eigenen Sicherheit schuf er 1506 die Schweizergarde als päpstliche Leibwache. Mit seinem Pontifikat sind die Grundsteinlegung des Petersdoms am 18. April 1506 und bedeutende Aufträge für Michelangelo und Raffael verbunden. Julius II. starb am 21. Februar 1513 in Rom.

6. Dezember

Nachdem Anfang der 80er-Jahre des 15. Jh. erstrangige Künstler die Wände der Sixtinischen Kapelle in Rom bemalt hatten, beauftragte Papst Julius II. im Jahre 1508 Michelangelo gegen dessen Willen mit der Schaffung von Deckengemälden in Freskotechnik auf einer Fläche von 520 m^2. In mühevoller vierjähriger Arbeit schuf der Künstler ein komplexes Bildprogramm, das in einer Rahmung durch Scheinarchitektur die biblische Urgeschichte von der Erschaffung der Welt bis zur Rettung Noahs vor der Sintflut zeigt, umgeben von Propheten des Alten Testaments und heidnischen Sibyllen sowie zahlreichen anderen Gestalten und biblischen Motiven. Am 31. Oktober 1512 wurde das fertige Werk einem fassungslos staunenden Publikum zugänglich gemacht.

7. Dezember

Eine der bekanntesten Fresken Raffaels in den vatikanischen Repräsentationsräumen (Stanzen) von Papst Julius II. und dessen Nachfolgern ist die 1510–11 geschaffene „Schule von Athen“. In einer antiken Hallenarchitektur sind im Zentrum die Philosophen Platon (verkörpert durch Leonardo da Vinci) und Aristoteles diskutierend dargestellt, weiterhin lassen sich Sokrates, Pythagoras, Euklid, Ptolemäus und Diogenes zuordnen. In dem „dunklen“ Heraklit glaubte man Raffaels Rivalen Michelangelo zu erkennen. Bei manchen der dargestellten Personen ist eine Zuordnung jedoch nicht eindeutig möglich.

8. Dezember

Als Sohn eines Schumachers wurde Veit Dietrich am 8. Dezember 1506 in Nürnberg geboren. Ab 1522 studierte er in Wittenberg, wo er von Melanchthon gefördert wurde. Später wohnte er im Hause Luthers und wurde dessen enger Vertrauter, der ihn auf Reisen begleitete. 1535 kehrte Dietrich nach Nürnberg zurück, heiratete und wurde Prediger an der St.-Sebald-Kirche. Er gab Nachschriften von Luthers Vorlesungen und von dessen Hauspredigten von 1530–34 („Hauspostille") heraus, die er mitgeschrieben hatte. Weite Verbreitung fanden seine eigenen *Summaria* zum Alten und Neuen Testament. Veit Dietrich starb am 25. März 1549 in Nürnberg.

9. Dezember

Johannes Reuchlin, am 29. Januar 1455 in Pforzheim geboren, war nach Studien in Freiburg/Breisgau, Paris, Basel, Poitiers und Orléans ab 1484 Jurist in württembergischen Diensten. Auf Italienreisen erhielt er wichtige Impulse für seine humanistischen und altsprachlichen Interessen und wurde zum Anhänger des Neuplatonismus und der Kabbala. Er engagierte sich für den Erhalt des jüdischen Schrifttums und verfasste das erste christliche Lehrbuch der hebräischen Sprache. Seine letzten Lebensjahre verbrachte der neben Erasmus bedeutendste Humanist als Professor für Griechisch und Hebräisch in Ingolstadt und Tübingen. Reuchlin schloss sich der Reformation nicht an; er starb am 30. Juni 1522 in Stuttgart.

10. Dezember

Nachdem die Frist zum Widerruf gerade verstrichen war, verbrannte Martin Luther am 10. Dezember 1520 öffentlich die Bannandrohungsbulle des Papstes „Exurge Domine" und mehrere Ausgaben des Kirchenrechts vor dem Elstertor in Wittenberg. Dabei soll er gerufen haben: *„Weil du gottloses Buch den Heiligen des Herrn betrübt oder geschändet hast, so betrübe und verzehre dich das ewige Feuer."*

11. Dezember

Die Luthereiche in Wittenberg bezeichnet ungefähr die Stelle, an der Luther die päpstliche Bannandrohungsbulle verbrannt hat. Allerdings wurde die heute dort stehende Eiche erst 1830 gepflanzt, weil der ursprüngliche Erinnerungsbaum 1813 in den Napoleonischen Kriegen von französischen Soldaten gefällt worden war, sei es aus Mangel an Brennmaterial, oder um ein Symbol zu zerstören. Die Anlage um den Baum wurde 1924 mit einem Brunnen und einer Steinbank gestaltet.

12. Dezember

Die Architekturkulisse im Bild von Lucas Cranach d. Ä. soll die Vorhalle des Jerusalemer Tempels darstellen, wo zu Jesu Zeiten die Geldwechsler und Verkäufer von Opfertieren ihren Platz hatten. Das große rötliche Medaillon oben zeigt einen scheußlichen Drachen, den Inbegriff des Bösen. Will Cranach dadurch andeuten, dass das Treiben der Wechsler und Händler ein heidnisches, ja, teuflisches Unterfangen ist? Jedenfalls treibt Jesus sie hinaus (Markus 11,15–19). Im Bild geschieht das so gewaltsam, dass sie hinstürzen, durcheinanderpurzeln, zornig ihre Habe zusammenraffen und das Weite suchen. Rechts sind die Jünger zu sehen, die das Geschehen erschrocken, wenn nicht gar entsetzt verfolgen, während links „das Volk" mürrisch oder verständnislos zuschaut.

13. Dezember

Angesichts des sich ausbreitenden Protestantismus erkannte Papst Paul III. die Notwendigkeit einer inneren Reform der römisch-katholischen Kirche. So berief er 1536 eine Reformkommission und unterstütze neue Orden wie die Jesuiten. Nach einer langen Vorbereitungszeit und schwierigen diplomatischen Verhandlungen eröffnete Paul III. schließlich am 13. Dezember 1545 das Konzil in Trient. In mehreren Tagungsperioden, von denen eine auch in Bologna stattfand, wurden Beschlüsse gefasst, die der Erneuerung der römisch-katholischen Kirche dienten, zugleich aber auch die Gegenreformation einleiteten. Das Konzil endete am 4. Dezember 1563. Das Bild zeigt eine der Konzilssitzungen.

14. Dezember

Als Alessandro Farnese wurde der spätere Papst Paul III. am 29. Februar 1468 in Canino geboren. Da seine Schwester Giulia die Geliebte Papst Alexanders VI. war, förderte dieser seine kirchliche Karriere und ernannte ihn 1493 zum Kardinal. Die Wahl zum Papst erfolgte am 13. Oktober 1534. Wie seine Vorgänger verschaffte Paul III. Verwandten, Kindern und Enkeln einträgliche Ämter (Nepotismus), förderte die Künste und setzte den Bau des Petersdoms fort, indem er 1547 Michelangelo zum obersten Baumeister von San Pietro ernannte. Paul III. bemühte sich um eine innere Erneuerung der Kirche, ordnete die Inquisition neu und eröffnete 1545 das Konzil von Trient. Er starb am 10. November 1549 in Rom.

15. Dezember

Schon Papst Clemens VII. hatte den Plan, die Altarwand der Sixtinischen Kapelle durch Michelangelo mit einer Darstellung des Jüngsten Gerichts versehen zu lassen, doch erst unter Paul III. wurde dieses Vorhaben realisiert. Der Künstler schuf 1534–1541 auf über 200 m^2 ein gewaltiges Fresko mit ca. 390 Figuren. Im Zentrum steht die dominierende Figur Christi, der im Moment vor dem Urteilsspruch des Jüngsten Gerichts (Matthäus 25,31–46) gezeigt wird. Von ihm geht gleichsam eine weite, kreisende Bewegung aus, in die alle Figuren miteinbezogen werden. Dass Michelangelo sie alle nackt malte, löste bei manchen Zeitgenossen heftige Reaktionen aus, in deren Folge die für obszön gehaltene Blöße bei vielen Figuren durch Stoffstücke übermalt wurden.

Wider das Bapstum zu
Rom vom Teuffel gestifft/
Mart. Luther D.

Wittemberg/1545.
durch Hans Lufft.

16. Dezember

In der angespannten politischen Situation der Vorbereitung des Konzils von Trient veröffentlichte Luther die Schrift „Wider das Bapstum zu Rom, vom Teuffel gestifft", die er im Februar/März 1545 verfasst hatte. Darin kritisierte er das ausgeschriebene Konzil und griff in polemischer Schärfe den Papst als den Erzfeind Christi an. Den Ansatzpunkt von Luthers Kritik bildeten, wie schon früher, die Oberhoheit des Papstes über Kaiser und Konzilien sowie seine Unabsetzbarkeit. Das Titelblatt aus der Cranach-Werkstatt zeigt den Papst, von Teufeln getragen und gekrönt, auf seinem schon brennenden Thron im lodernden Höllenrachen.

17. Dezember

Diese Karikatur Luthers ist ein Holzschnitt, der um 1535 von Erhard Schoen angefertigt und als Flugblatt verbreitet wurde. Obwohl Luther zu diesem Zeitpunkt schon lange kein Mönch mehr war, wird er hier als solcher dargestellt. Dabei dient sein Kopf dem Teufel als Dudelsack. Schlichten Gemütern und solchen, die nicht lesen konnten, sollte damit auf simple Weise vermittelt werden, dass Luthers Aussagen vom Teufel kommen und er ein Instrument des Bösen ist.

18. Dezember

Der von den Künstlern Barbara und Gernot Rumpf geschaffene Lutherbrunnen in Ludwigshafen *(Bild zeigt einen Ausschnitt)* ist eines der wenigen Denkmäler, die Luther gemeinsam mit seiner Frau Katharina von Bora zeigen. Zugleich wird auf Luthers Konflikt mit Papst Leo X. angespielt. Der Brunnen, der sich auf dem Platz der ehemaligen Lutherkirche befindet, wurde am 26. Juni 1992 eingeweiht. Die Gesamtkosten wurden je zu einem Drittel durch Spenden der protestantischen Kirchengemeinde Ludwigshafen-Mitte, durch die Evangelische Kirche der Pfalz und die Stadt Ludwigshafen aufgebracht.

19. Dezember

Nach Auflösung der Hofkantorei in Torgau 1526 gründete der evangelische „Urkantor" Johann Walter die Stadtkantorei mit einer Gruppe sangesfreudiger erwachsener Torgauer Bürger. Mit ihnen und den Chorschülern studierte er die neue Kirchenmusik ein und führte sie in der Marienkirche *(Bild)* auf. Er schuf damit eine neue Form bürgerlich-evangelischen Musizierens, die schnell von anderen Gemeinden übernommen wurde. So entwickelte sich eine ganz neue Institution, das evangelische Kantoreiwesen, das noch heute in den Kantoreien der Kirchengemeinden weiterlebt.

20. Dezember

Im Herbst 1552 verließ Luthers Witwe Katharina wegen Missernten und der Pest Wittenberg Richtung Torgau. Vor den Toren der Stadt scheuten die Pferde ihres Planwagens und sie erlitt einen schweren Unfall, von dem sie sich nicht wieder erholte. Sie starb in Torgau am 20. Dezember 1552 und wurde in der dortigen Marienkirche beigesetzt. Die genaue Grabstelle ist unbekannt, aber ihr Grabstein ist erhalten. Das Relief zeigt Katharina in Wintertracht mit Haube und weitem Mantel. Sehr naturalistisch und damit wohl authentisch wirkt ihr Porträt. Die Umschrift des Grabsteines lautet: „Anno 1552, dem 20. December ist in Gott selig entschlaffen allhier zu Torgau Herrn D. Martini Luthers seligen Hinterlassene wittbe Katharina“.

21. Dezember

Der Geburtstag von Thomas Müntzer ist unsicher, er wurde aber wohl am 20. oder 21. Dezember 1489/90 in Stolberg am Harz geboren. Zwischen dem Studium in Leipzig ab 1506 und dem in Frankfurt/Oder war er wahrscheinlich Hilfslehrer in Aschersleben und Halle/Saale. Am 6. Mai 1514 wurde er zum Priester geweiht. Bei Aufenthalten in Wittenberg zwischen 1517 und 1519 wurde er zum Anhänger Luthers und bekam auf dessen Empfehlung hin 1520 eine Pfarrstelle in Zwickau, die er 1521 Richtung Prag verließ. In den zehn Jahren seines öffentlichen Wirkens war Müntzer an zehn Orten tätig *(Bild: Müntzer-Denkmal in Stolberg/Harz 1989 von Klaus Messerschmidt)*.

22. Dezember

Martin Luthers Choral „Nun komm, der Heiden Heiland", jahrhundertelang das lutherische Hauptlied der Adventszeit, geht auf den altkirchlichen Hymnus „Veni redemptor gentium" des Kirchenvaters Ambrosius von Mailand (339–397) zurück. Dabei folgte Luther mit seiner vollständigen Reimübertragung streng dem Original, wich aber vom ambrosianischen Versmaß durch Verminderung um eine Silbe je Zeile ab. Das Lied wurde erstmals 1524 in Erfurt und in Wittenberg veröffentlicht *(Bild: Druck im Erfurter Enchiridion 1524)*; heute finden sich die Strophen 1, 4, 5, 7 und 8 sprachlich überarbeitet im Evangelischen Gesangbuch (EG 4).

¶ Hymnus. Veni redemptor gentium.

¶ Nu kom der Heyden heyland/der yungfrawen kynd erkannd. Das sych wunnder alle welt/ Gott solch gepurt yhm bestelt.
Nicht von Mans blut noch von fleisch/allein võ dem heyligen geyst/ Ist Gottes wort worden eyn mensch/vnd bluet eyn frucht weibs fleisch.
Der yungfraw leib schwanger ward / doch bleib keuscheyt reyn bewald Leucht erfur mãch tugẽd schon/Gott da war yn seynem thron.
Er gieng aus der kamer seyn/dem köngliche saal so reyn. Gott võ art vñ mensch eyn helt / seyn weg er zu lauffen eylt.
Seyn laufft kam vom vatter her/ vnd keret wider zum vater. Fur hyn vndtern zu der hell/ vnd wider zu Gottes stuel.
Der du bist dem vater gleich / fur hynnaus dẽ syeg ym fleisch/das dein ewig gots gewalt/ ynn vnns das kranck fleysch enthallt.
Dein kryppen glengt hell vnd klar / die nacht gybt eyn new liecht dar/ tückel muß nicht komẽ dreyn/ der glaub bleib ymer ym scheyn.
Lob sey Gott dem vatter thon / Lob sey got seym eyngen son. Lob sey got dem heyligen geyst / ymer vnnd ynn ewigkeyt.

23. Dezember

Die Frau des Reformators Huldrych Zwingli, Anna Reinhart, wurde um 1484 in Zürich geboren und heiratete zunächst den Junker Hans Meyer, mit dem sie drei Kinder hatte und der 1517 verstarb. Seit 1522 lebte sie in geheimer Ehe mit dem Leutpriester Huldrych Zwingli, den sie offiziell am 2. April 1524 heiratete und mit dem sie vier Kinder hatte. Nach Zwinglis Tod 1531 fand sie Aufnahme bei dessen Nachfolger Heinrich Bullinger. Sie starb in Zürich am 24. Dezember 1538. Von ihr gibt es kein Porträt, wohl aber von ihrer ältesten Tochter aus der Ehe mit Zwingli, Regula (1524–1565), die 1541 Bullingers Nachfolger Rudolf Gwalter heiratete. Das Bild zeigt sie mit ihrer Tochter Anna.

24. Dezember

Das im Kölner Wallraff-Richartz-Museum befindliche Gemälde „Geburt Christi" ist eine frühe Kopie eines verlorenen Originals von Hieronymus Bosch. Es ist ein karges, eher beklemmendes Weihnachtsbild, bei dem das Jesuskind in einer Steinkrippe liegt, die einem Sarkophag ähnelt. Seine Eltern schauen es an, ebenso Ochs und Esel. Hinter ihnen ist ein unbeholfen grinsender Hirte zu sehen, neben dem rechts auf der Mauer eine Elster sitzt. In der Ferne erscheint ein Engel den Hirten in einer trostlosen Landschaft, während sich links in einem ärmlichen Hof zwei Männer am offenen Feuer wärmen.

25. Dezember

Zu Weihnachten 1521 hatte Andreas Bodenstein, genannt Karlstadt, in Wittenberg erstmals die Messe auf Deutsch gefeiert. Bald darauf geriet er u.a. in der Bilder- und Abendmahlsfrage in Gegensatz zu Martin Luther, verließ 1529 endgültig Kursachsen und fand nach einem Aufenthalt in Norddeutschland in Straßburg, Basel und Zürich Unterstützung und Anstellungen. Im Sommer 1534 wurde er als Professor für Altes Testament nach Basel berufen, geriet dort aber im Bemühen um eine Universitätsreform 1538 in Konflikt mit seinen Kollegen. Er starb am 24. Dezember 1541 in Basel an der Pest *(Bild: Katholische Messe, Holzschnitt von Hans Baldung gen. Grien)*.

26. Dezember

Johann Walter, der „Urkantor" der evangelischen Kirche, wurde 1496 im thüringischen Kahla geboren *(Bild: Gedenktafel ebendort)*. Nach Schulbesuch, einem begonnenen Universitätsstudium in Leipzig und Herausgabe des ersten evangelischen Chorgesangbuchs (Geistliches Gesangbüchlein 1524) trat er um 1525 als Sänger und Komponist in die kursächsische Hofkapelle in Torgau ein und begann im Herbst zusammen mit Martin Luther in Wittenberg die Reform der deutschen Messe. Unter Kurfürst Moritz wurde Johann Walter 1548–1554 Hofkapellmeister und wirkte ab 1552 in Dresden. Er kehrte 1554 nach Torgau zurück, widmete sich seinen Kompositionen und Dichtungen und starb dort am 10. April 1570.

27. Dezember

In seinem Gemälde „Die Anbetung der Heiligen Drei Könige" (1473/75) hat Sandro Botticelli eine Reihe von Zeitgenossen in die biblische Szenerie versetzt. Es sind dies vor allem Mitglieder der mächtigen Florentiner Familie Medici, von denen einige sogar die Gestalt der Weisen aus dem Morgenland annehmen. Höchstwahrscheinlich hat der Maler auch sich selbst dargestellt, und zwar als selbstbewusst aus dem Bild heraus schauenden jungen Mann am rechten Bildrand. Die Ruinen am linken oberen Bildrand könnten als Hinweis auf einen (fiktiven) ehemaligen Palast des Königs David in Bethlehem gedacht sein. Der Legende nach hat sich hier der Stall befunden, in dem Jesus geboren wurde, womit seine Herkunft aus dem Haus David unterstrichen wurde.

28. Dezember

Der um 1465 im sächsischen Motterwitz geborene Johann von Staupitz trat 1490 in den Augustiner-Eremitenorden ein, wurde 1497 Prior in Thüringen und war von 1503 bis 1520 Generalvikar für die Reformkongregation seines Ordens. Zudem war er 1502 Gründungsdekan der theologischen Fakultät in Wittenberg. Als Luthers Beichtvater ermutigte er diesen zum Theologiestudium und später zur Promotion, sodass er sein Nachfolger in der Bibelprofessur werden konnte. Staupitz trat auch später für Luther ein, was ihn in Häresieverdacht brachte. Später wechselte er den Orden und starb als Abt des Benediktinerklosters St. Peter am 28. Dezember 1524 in Salzburg.

29. Dezember

Jakob Fugger „der Reiche" stiftete am 23. August 1521 die „Fuggerei" in Augsburg *(Bild)* als Wohnsiedlung für unverschuldet in Not geratene katholische Bürger der Stadt. Der Bau war schon einige Jahre zuvor begonnen worden, sodass zwischen 1516 und 1523 die ersten 50 Wohnungen um sechs Gassen entstanden, später erfolgten Erweiterungen. Die Fuggerei ist die älteste bestehende Sozialsiedlung der Welt und wird bis heute von einer Stiftung der Familie Fugger getragen, sodass die Bewohner nach wie vor nur eine Jahreskaltmiete im Wert eines Rheinischen Guldens (0,88 €) und sehr moderate Nebenkosten zu zahlen haben.

30. Dezember

Dem schwäbischen Geschlecht der Fugger, seit 1367 in Augsburg ansässig, gelang in wenigen Jahrzehnten der Aufbau eines europaweit agierenden Familienunternehmens. Jakob Fugger wurde am 6. März 1459 in Augsburg geboren. Als Handelsherr und Bankier hatte er sich seit 1485 in den Silberabsatz und das Finanzwesen Tirols eingeschaltet, errichtete später ein Kupfermonopol in Europa und baute das Bankhaus Fugger zum größten seiner Zeit aus. Als Bankier der Päpste war er auch am Ablasshandel von 1517 beteiligt und finanzierte u.a. 1519 die Wahl Karls I. von Spanien zum Kaiser (Karl V.). Jakob Fugger, genannt „der Reiche", starb am 30. Dezember 1525 in Augsburg *(Porträt von Albrecht Dürer)*.

31. Dezember

Luthers Famulus Johann Reifenstein hat 1545 dessen wohl letztes Bildnis in ein Buch gezeichnet, das Philipp Melanchthon gehörte. Dieser versah nach Luthers Tod die Zeichnung mit Kreuzen und einer lateinischen Inschrift, die übersetzt lautet: „Doktor Martin Luther. Lebendig war ich deine Pest, Papst, tot werde ich dein Tod sein. Im Jahre 1546, in seinem 63. Lebensjahr, ins 64. gehend, ist er gestorben. Er starb am 18. Februar zwischen der 2. und 3. Stunde und wurde am 22. desselben Monats in Wittenberg in der Schloss[kirche] beigesetzt. Und als Gestorbener lebt er."

Personen- und Ortsregister

Kursiv gesetzte Titel verweisen auf Werke der Literatur und Kunst.

M

Abbildungsnachweis

akg-images, 10.5., 13.7., 25.3., 1.3., 24.11., 23.9., 18.11., 31.3., 1.7., 22.8., 6.11., 31.5., 10.1., 18.10., 31.10., 29.4., 30.8., 4.7., 15.6., 7.3., 18.4., 27.9., 18.5., 22.3., 26.9., 12.12., 26.5., 17.11., 27.7., 2.11., 11.5., 29.10., 15.3., 15.6., 7.3., 14.11., 11.2., 19.1., 1.8., 2.12., 13.11., 10.10., 16.4., 16.12., 19.8., 14.7., 9.11., 15.5.; akg-images / Bildarchiv Monheim, 9.3., 30.7.; akg-images / bilwissedition, 23.6.; akg-images / Erich Lessing, 19.10., 27.5., 1.12., 14.12.; akg-images / Imagno, 28.12.; akg-images / Nimatallah, 19.11.; akg-images /Rabatti-Domingie, 6.12.; August Weckesser, Zwinglis Tod auf dem Schlachtfeld bei Kappel (1531), nach 1854, Bündner Kunstmuseum, Chur, Schenkung Dr. Oscar Bernhard, St. Moritz (1920), 11.10.; bpk, 2.10.; bpk | Bayerische Kunstsammlungen Dresden | Hans-Peter Klut, 3.12.; bpk / Bayerische Staatsgemäldesammlungen, 9.8.; bpk / Dietmar Katz, 21.4.; bpk / Gemäldegalerie, SMB / Jörg P. Anders, 17.1., 25.8.; bpk / Kupferstichkabinett, SMB, 18.2.; bpk / Kupferstichkabinett, SMB / Jörg P. Anders, 21.2.; bpk | Staatliche Kunstsammlungen Dresden | Elke Estel | Hans-Peter Klut, 24.1.; Bridgeman Images, 6.5.; Foto: Christoph Busse, www.ottmar-hoerl.de, 14.8.; Fotostudio Ahlhelm, 14.2.; Foto: © Rheinisches Bildarchiv Köln, Fotograf, rba_c014710, 24.12.; IAM / akg-images, 13.10.; Kreiszeitung Böblinger Bote/Bischof, 12.5.; Martin-Luther-Universität Halle-Wittenberg, Zentrale Kustodie, Inv.-Nr. MLU-M78, 10.6.; mauritius images / United Archives, 22.11.; Müller, Wolfgang, 29.7.; © BibelCenter Minden, 3.9.; © Evang.-Luth. Kirchengemeinde Weimar, Fotograf: Constantin Beyer, 2.3.; © jmp-bildagentur, J.M. Pietsch, Spröda, mit freundlicher Genehmigung der Schlosskirche Wittenberg, 5.5., 7.6., 8.6., 9.6.; © jmp-bildagentur, J.M. Pietsch, Spröda, mit freundlicher Genehmigung der Stadtkirche Wittenberg, 1.5., 2.8., 3.8., 4.8., 5.8., 6.8., 26.10.; © Stiftung Luthergedenkstätten in Sachsen Anhalt, 20.7., 28.8., 24.6., 10.8., 26.11., 28.11., 20.6., 13.5., 22.9., 15.11., 29.5., 16.9., 15.9., 30.10., 31.12.; © Werner Tübke / VG Bild-Kunst, 15.5.

Die übrigen Abbildungen stammen aus den Archiven des Verlags und des Autors.

Der Verlag hat sich um die Beachtung der gesetzlichen Vorschriften bezüglich des Copyrights bemüht. Wer darüber hinaus noch annimmt, Ansprüche geltend machen zu können, wird gebeten, sich an den Verlag zu wenden.